AF331050

[library stamp]

ESSAI

SUR

LA SUBROGATION

A L'HYPOTHÈQUE LÉGALE DE LA FEMME

PAR

G. LABADIE-LAGRAVE

DOCTEUR EN DROIT
AVOCAT A LA COUR IMPÉRIALE

PARIS

GUSTAVE RETAUX, LIBRAIRE-ÉDITEUR
Rue Cujas, 15

1868

S152462   38002

DROIT ROMAIN

—

DES GARANTIES ACCORDÉES A LA FEMME

POUR ASSURER LA RESTITUTION DE LA DOT

—

DE L'HYPOTHÈQUE TACITE PRIVILÉGIÉE

—

CHAPITRE I

Introduction successive des différentes garanties données à la femme pour assurer la restitution de la dot.

A l'époque où le vieux droit quiritaire régnait dans toute sa rigueur, la femme n'avait aucune garantie contre les abus de l'autorité maritale. Soumise aux sévérités d'un régime qui l'assimilait aux enfants et aux esclaves, elle était incapable d'acquérir et de posséder pour son propre compte ; devenue la propriété de son mari, elle ne pouvait pas être propriétaire. La *manus* pesait sur elle, et à la dissolution du mariage ne lui laissait aucun moyen de se faire restituer son patrimoine. Le mot qui rend l'idée de dot n'existait pas dans la langue.

192

Sous Justinien, au contraire, l'administration du mari se trouve paralysée par les entraves de la dotalité la plus sévère, et la femme jouit d'une hypothèque privilégiée qui lui permet de primer tous les créanciers du mari, pour la restitution des biens apportés en dot. Cette hypothèque est préférée à toutes les autres, et s'exerce au mépris des droits acquis par les tiers antérieurement au mariage.

Ainsi la femme, impitoyablement sacrifiée aux principes inflexibles de l'ancien droit, trouve une protection exorbitante dans la législation de Justinien.

Il n'est pas sans intérêt de rechercher les causes qui ont amené une révolution si complète, et de jeter un rapide coup d'œil sur les changements successifs qui ont fait tomber pièce à pièce les sévérités injustes de la *manus* pour les remplacer par les faveurs non moins injustes de l'*uxorius imperator*.

Avant d'aborder l'étude de l'hypothèque tacite accordée à la femme, nous allons donc nous demander comment se sont introduites les garanties dont la législation romaine a successivement entouré la restitution de la dot.

La *manus* s'adaptait merveilleusement au régime politique de l'ancienne Rome et était plutôt une institution de droit public qu'une loi destinée à régir des intérêts privés. La *manus* était moins une conséquence de l'autorité naturelle que le mari doit exercer sur la femme, qu'une application fort simple des principes quiritaires.

Quiconque n'était pas chef de famille était soumis

à la puissance d'autrui, et la femme, incapable de figurer dans les solennités de la vie civile, était condamnée à passer toute sa vie dans un état de dépendance. C'est ce système que regrettait Caton lorsqu'en défendant la loi Oppia contre le tribun Valérius, il disait : « Majores nostri nullam, ne « privatam quidem, rem agere feminas sine auctore « voluerunt ; in manu esse parentum, fratrum, « virorum. »

La *manus* n'était donc pas pour la femme une conséquence immédiate du mariage; elle lui était plutôt imposée à raison de l'incapacité qui frappait son sexe. Cette vérité se manifeste clairement dans le cas où le mari est fils de famille. Ce n'est pas à lui que passe la *manus*, c'est au chef sous l'autorité duquel il est placé.

Sous un pareil régime, la femme, incapable d'être propriétaire, ne pouvait réclamer à la dissolution du mariage la restitution d'aucun bien, d'aucun apport matrimonial.

La *manus* cependant ne la laissait pas sans ressources, car elle lui conférait un droit de succession sur les biens de son mari. Elle était considérée comme la fille de son mari, la sœur de ses enfants, et était mise au nombre des héritiers siens.

La *manus* put se maintenir tant que la pauvreté des familles n'abandonna au mari que des biens insignifiants et que la pureté des mœurs vint tempérer la rigueur des lois.

Mais du jour où les richesses abondèrent à Rome et où le divorce passa dans les habitudes des citoyens, la *manus* devint désastreuse et ne tarda pas à tomber en désuétude.

D'une part, les agnats de la femme étaient jaloux de conserver à la famille l'espoir de recueillir un jour les biens de leur parente, et d'un autre côté, le divorce enlevait à la femme la seule compensation que la *manus* pouvait lui offrir. L'épouse répudiée perdait en effet tout droit à la succession de son mari et ne redevenait pas pour cela l'héritière de ses propres parents; elle restait en même temps étrangère aux deux familles.

Le divorce avait été permis par les lois de Romulus, mais il était resté sans application jusqu'à l'an 520 de la fondation de Rome. Spurius Carvilius Ruga en donna le premier exemple, et dans la suite il trouva de nombreux imitateurs. Avec le régime de la *manus*, le mari pouvait répudier la femme et conserver ses biens; le divorce devenait par conséquent une spéculation lucrative, et qui devait être goûtée par un peuple avide et de mauvaise foi.

La situation malheureuse que le divorce faisait à la femme excita la sollicitude de sa famille ; les parents stipulèrent, au moment du mariage, la restitution de la dot en cas de répudiation.

Au premier abord, l'idée de dot paraît assez difficile à concilier avec la *manus*, et il est probable que la nécessité imposée à la femme d'apporter certains biens en mariage s'introduisit sous l'influence d'un autre régime conjugal.

En même temps que les Douze Tables organi-

saient la *coemptio* et la *confarreatio*, dont l'effet
était de faire tomber la femme *in manu*, elles
permettaient aussi un mariage sans formalités et
qui résultait du simple consentement. Faute de
rites sacramentels, la femme, considérée comme *res
mancipi*, ne tombait sous la puissance du mari
qu'après une année d'usucapion. Mais il lui était
libre d'arrêter le cours de ce mode d'acquisition
en s'éloignant trois nuits de suite du domicile
conjugal. A la condition de « *usurpatum ire tri-
noctio* » la femme conservait la liberté de sa personne et la propriété de ses biens, et le mode
général d'acquérir par la « *conventio in manum* »
ne se produisait plus au profit du mari.

Lorsque cette espèce de mariage libre, fort rare
à l'origine, fut devenu de plus en plus fréquent,
les maris durent exiger que les femmes restées
maîtresses de leur patrimoine contribuassent aux
charges du ménage ; le meilleur moyen d'arriver à ce résultat était une constitution de dot,
c'est-à-dire l'abandon de certains biens au profit
du mari.

La dot ainsi introduite en faveur du mariage
libre, ne tarda pas à s'étendre au régime de la
manus et entra promptement dans les habitudes
Romaines.

Le mot de *dos* est d'origine attique, et si nous en
croyons Saumaise (*De Modo usurarum*, cap. iv)
la législation athénienne ordonnait au mari de
restituer l'apport matrimonial. A l'époque où la
littérature grecque exerça une influence considé-

rable sur les idées des Romains, le mot *dos* passa dans leur langue et ne se dépouilla peut-être pas entièrement de l'idée de restitution qui y était attachée; mais ceci n'est qu'une conjecture, attendu qu'il est loin d'être prouvé que l'étude des lois grecques ait en quoi que ce soit modifié les principes des jurisconsultes romains.

Les précautions prises à Rome pour assurer la conservation de la dot, s'expliquent sans qu'il soit besoin de faire intervenir une influence étrangère. Si le divorce n'était pas aussi désastreux pour la femme libre que pour la femme *in manu*, il n'en avait pas moins pour effet de lui faire perdre sa dot. La spéculation dont nous avons parlé tout-à-l'heure était lucrative pour le mari, alors même que la *conventio in manum* ne lui avait pas attribué tout le patrimoine de sa femme, car il était devenu propriétaire incommutable des apports matrimoniaux, et il les conservait toujours, même après une répudiation.

Les parents de la femme avaient donc toujours intérêt à stipuler du mari la restitution de la dot en cas de divorce. Aulu-Gelle nous rapporte que Servius Sulpicius, auteur d'un ouvrage sur les dots qui a été perdu, avait écrit que les *cautiones rei uxoriæ*, étaient généralement exigées du futur époux au moment du mariage. Ces stipulations des parents, connues sous le nom de *cautiones rei uxo-riæ*, ne tardèrent pas à être consacrées par le droit prétorien. Le préteur, dont l'office consistait le plus souvent à donner une sanction législative aux conventions reçues par l'usage, décida que dans le cas où les parents auraient négligé les stipulations relatives à la dot, ils pourraient néanmoins exercer l'*actio rei uxoriæ* comme s'ils n'avaient pas omis cette formalité.

L'*actio rei uxoriæ* fut donc le premier coup porté au système de la *manus* et à l'omnipotence du mari sur les biens dotaux ; la multiplicité des divorces fit introduire cette première dérogation aux principes rigoureux du vieux droit quiritaire.

Des nécessités d'ordre public ne tardèrent pas à se joindre aux intérêts privés pour hâter la démolition de l'ancien régime matrimonial.

Sous Auguste, l'Empire se dépeuplait avec une rapidité effrayante, et il fallait à tout prix donner des citoyens à l'État. Tous les principes devaient fléchir devant cette raison suprême : plus de liberté individuelle, car le célibataire est frappé de déchéances sans nombre ; plus de puissance paternelle, car l'ascendant ne peut plus s'opposer sans raison au mariage de ses descendants et peut même être contraint à les doter ; plus de puissance maritale, car le fonds dotal ne peut plus être aliéné sans le consentement de la femme, et ne peut dans aucun cas être grevé d'hypothèques. Le législateur sacrifie tout à un désir unique ; il lui faut des unions nombreuses et fécondes, il ne veut pas que l'État périsse faute de citoyens.

Le divorce était la principale cause du mal, mais il était à tel point entré dans les mœurs romaines qu'on n'osa pas l'attaquer de front. Le législateur essaya seulement d'en atténuer les conséquences ; il voulut

que la femme répudiée conservât sa dot, afin qu'elle
pût contracter plus facilement un second mariage.

Les restrictions apportées par la loi Julia aux pouvoirs du mari sur la dot n'ont pas été édictées pour
empêcher le divorce et pour protéger la faiblesse de
la femme; le législateur n'a eu en vue que l'intérêt
de l'État, et il n'a considéré les garanties accordées
à la femme que comme une mesure d'ordre public.
« Reipublicæ interest mulieres dotes salvas habere,
« propter quas nubere possint. » (Paul. L. 2, *De jure
dotium.*)

« Dotium causa semper et ubique præcipua est ;
« nam et republicæ interest dotes mulieribus conser-
« varicum dotatas esse feminas ad sobolem procrean-
« dam replendamque liberis civitatem maxime sit
« necessarium. » (Pomponius. L. 1, *Sol. matr.*)

Ainsi, à l'action *rei uxoriæ* née de la multiplicité
des divorces, la nécessité d'arrêter la dépopulation
de l'Empire vient ajouter les deux garanties nouvelles de la loi Julia : savoir la défense absolue d'hypothéquer le fonds dotal, et la prohibition de l'aliéner
sans le consentement de la femme.

A l'époque classique, la femme exerçant la répé-
tition de sa dot jouit d'un privilége personnel à l'encontre des autres créanciers du mari, mais elle n'a
encore aucun droit réel sur les biens de ce dernier,
elle prime seulement les créanciers chirographaires.

Il est difficile de déterminer au juste la date de ce
privilége et les raisons spéciales qui l'ont fait introduire. Certainement il istait sous Adrien, mais
rien ne prouve qu'il n'ait pas été créé avant le règne

de ce prince. Peut être même ne suivit-il pas de très-loin la loi Julia, car il est une conséquence de ce caractère d'ordre public qui s'attachait à la restitution de la dot.

Sous les empereurs chrétiens, le privilége dont nous venons de parler et les garanties accordées à la femme par la loi Julia continuent à subsister ; mais on n'invoque plus les mêmes raisons pour sauvegarder la dot contre les abus du pouvoir marital. Une grande défaveur s'attache aux secondes   s, et les empereurs Gratien, Valentinien et eodose, traitent de *mater secundis nuptiis f...stata*, la mère qui se remarie. (L. 3, C. *De secundis nuptiis*.)

Le législateur ne voit plus dans la dot un moyen laissé à la femme pour contracter de nouveaux mariages ; il s'attache bien plutôt à l'idée que des êtres faibles méritent une protection spéciale ; la dot reste à ses yeux, une ressource sacrée, qui doit dans tous les cas être conservée à la famille.

Cet esprit de protection domine dans les innovations de Justinien.

En 529, ce prince accorda à la femme une action en revendication sur toutes les choses apportées en dot, mobilières et immobilières.

En 530, il alla plus loin, et conféra à la femme une hypothèque générale et tacite sur tous les biens du mari.

C'était, à la fois, porter une atteinte des plus graves à l'ancien principe qui faisait du mari le propriétaire de la dot, et donner à la femme une garantie sérieuse de restitution.

Malheureusement Justinien ne s'en tint pas là ; il exagéra les garanties qu'il avaient données à la femme, et les fit dégénérer en une véritable injustice.

En 531, une Constitution nouvelle attacha un privilége à l'hypothèque tacite de la femme et permit à celle-ci de primer tous les créanciers du mari, même ceux qui avaient acquis un droit de gage antérieurement au mariage.

En résumé, l'abus du divorce a valu à la femme l'*actio rei uxoriæ* pour se faire restituer sa dot.

La nécessité d'encourager le mariage et d'assurer des citoyens à l'État a introduit la défense absolue d'hypothéquer le fonds dotal, et la prohibition de l'aliéner sans le consentement de la femme.

Les raisons d'ordre public qui s'attachaient à la conservation de la dot, ont ensuite fait accorder à la femme un privilége personnel qui lui permettait de primer les créanciers non privilégiés de son mari.

Enfin Justinien, animé du désir de protéger la femme au delà de toute mesure, lui accorde d'abord une hypothèque tacite soumise au droit commun, et plus tard une hypothèque privilégiée qui lui permet de primer tous les créanciers privilégiés du mari, de même qu'au temps des jurisconsultes elle primait tous les créanciers chirographaires.

CHAPITRE II

Moyens accordés à la femme pour se faire restituer sa dot à l'époque classique

Le régime matrimonial qui avait précédé la loi Julia ne disparut pas sans laisser quelques vestiges; malgré les restrictions apportées au pouvoir du mari, le principe qu'il était propriétaire de la dot resta debout. Gaïus accuse très-nettement cette idée lorsqu'il dit : « Accidit aliquando ut qui do-« minus sit, alienandæ rei potestatem non habeat, « et qui dominus non sit, alienare possit. Nam do-« tale prædium maritus, invita muliere, per legem « Juliam prohibetur alienare, quamvis ipsius sit, « vel mancipatum ei dotis causa, vel in jure ces-« sum, vel in jure captum. » (*Inst. Comm.* II; §§ 62 et 63.) Dans un autre texte, nous voyons le même jurisconsulte refuser l'*actio furti* à la femme, dans le cas où une chose dotale aurait été volée. « Item rei « dotalis nomine, quæ periculo mulieris est, non « mulier furti actionem habet, sed maritus. » (L. 49 *De furtis*.) Cette impossibilité dans laquelle la femme se trouve d'exercer l'*actio furti* contre le voleur d'une chose dotale, est incompatible avec l'idée qu'elle serait propriétaire de la dot. Ulpien n'est pas moins explicite que Gaïus, quand il assi-mile la chose dotale à la chose du mari, en ce qui touche les conséquences d'un détournement commis par la femme : « Ob res amotas, vel proprias viri,

« vel etiam dotales, tam vindicatio quam condictio
« viro adversus mulierem competit, et in potestate
« est, qua velit actione uti. » Comprendrait-on en effet,
que la revendication pût être exercée contre le propriétaire par une personne qui n'aurait elle-même
aucun droit de propriété? La même doctrine est repro-
duite par Paul (L. 47, *De peculio.*)

Cependant un assez grand nombre de textes, et notamment la loi 24 § 5, *Soluto matrimonio* paraissent
avoir été inspirés par une idée contraire. Ulpien suppose dans la loi précitée que le mari a exercé de mau-
vais traitements sur les esclaves dotaux, et il dit à
propos de ces derniers : « Sævitia quæ in propriis
« culpanda est, in alienis coercenda est, hoc est in
« dotalibus. » les esclaves dotaux sont ainsi pour le
mari les esclaves d'autrui, et c'est la femme qui en
reste propriétaire. La question n'était donc pas aussi
nettement résolue qu'elle le paraissait d'abord, et
les incertitudes des jurisconsultes se résumaient dans
la formule : « Quamvis in bonis mariti dos sit, mu-
« lieris tamen est. »

Au fond, la contradiction était plus apparente que
réelle. Que la constitution de dot s'opérât par l'un des
trois moyens dont parle Ulpien dans ses fragments,
dos aut datur, aut dicitur, aut promittitur, ou par
legs, ainsi que le supposent les LL. 48, *De jure
dot.,* et 61, *De condit.,* elle avait toujours pour effet
de rendre le mari propriétaire ou créancier. Mais
il n'était pas moins vrai que le constituant
avait entendu faire une libéralité à la femme ; il avait
voulu l'enrichir, afin qu'elle pût se marier ; et ses

intentions auraient été méconnues, si la femme, après le divorce, n'eut pas retrouvé sa dot pour contracter une nouvelle union. Le droit de la femme a sommeillé pendant le mariage, mais il s'est ranimé au moment du divorce, pour donner ouverture à une action en restitution. C'est en vue de cette éventualité que les jurisconsultes ont pu dire que si la dot faisait partie du patrimoine de la femme, pendant toute la durée de la société conjugale, la propriété des biens dotaux reposait exclusivement sur la tête du mari.

Nous allons supposer maintenant que le mariage a été dissous, et rechercher les moyens de droit qui devront amener la restitution de la dot. Nous diviserons cette matière en trois parties.

1° Actions en restitution de la dot. — 2° Biens qui doivent êtres restitués. — 3° Privilége qui garantit la restitution.

I. — *Actions en restitution de la dot.* Nous allons nous placer d'abord sous l'empire du droit commun, et supposer qu'au moment du mariage il il n'a été fait aucune stipulation relative à la dot.

Dans cette hypothèse, deux cas peuvent se présenter : la société conjugale a été dissoute par prédécès de la femme, ou bien elle a été dissoute par divorce ou prédécès du mari.

Dans le premier cas, le principe est que la dot reste au mari survivant. Cette règle, que le mari est propriétaire de la dot, n'est plus tenue en échec par la nécessité d'ordre public qui veut que la femme conserve son patrimoine afin de pouvoir s'engager dans une nouvelle union.

Cependant certaines considérations d'humanité avaient porté atteinte à la rigueur des principes, et l'on avait décidé que l'ascendant paternel de la femme prédécédée pourrait répéter la dot qu'il avait constituée. « Mortua in matrimonio muliere, « dos a patre profecta ad patrem revertitur, quintis « in singulos liberos in infinitum relictis penes virum ; « quod si pater non sit, apud maritum remanet. » (Ulp. *fragm.* VI, §.6.)

Il ne faut pas que le père éprouve, comme l'a dit brutalement Pomponius, la double douleur de perdre à la fois son argent et sa fille. « Jure succursum est « patri, ut filia amissa, solatii loco cederet, si redde- « retur ei dos ab ipso profecta, ne et filiæ amissæ et « pecuniæ damnum sentiret. » (L. 6 D. *De jure dot.*) Telle est la seule exception apportée par les jurisconsultes, au principe de droit commun en vertu duquel le mari conserve la dot en cas de prédécès de la femme.

Si maintenant nous supposons le mariage dissous par un divorce, ou par la mort du mari, la femme devra recouvrer sa dot, afin de pouvoir se remarier, et l'*actio rei uxoriæ* s'ouvrira en sa faveur.

Quelques textes parlent aussi d'une *actio de dote* qui, d'après certains commentateurs, présenterait quelques différences avec l'*actio rei uxoriæ*. Mais à notre avis, les deux actions n'en font qu'une, et les deux expressions dont nous venons de parler ne sont à nos yeux qu'une variété de langage qui s'est introduite à la longue parmi les jurisconsultes. On a prétendu que la *materfamilias*, c'est-à-dire la femme qui était soumise à la *manus*, avait l'*actio de dote* taudis que la matrone restée libre avait l'*actio rei uxorice*. Nulle part on ne trouve de trace d'une pareille distinction ; le système que nous venons de rappeler n'a pu naître qu'à la suite d'une comparaison trop peu approfondie entre de vieux fragments qui nous sont parvenus intacts, et des textes qui ont subi les remaniements de la compilation Justinienne.

Étudions maintenant les caractères de l'*actio rei uxoriæ*.

La formule de cette action ne portait pas seulement que le juge devait statuer *ex fide bona*, mais *æquius melius*. C'était donc par excellence une action de bonne foi et même mieux qu'une action de bonne foi, puisque les considérations d'équité devaient exercer une influence décisive sur la sentence du magistrat. Sans doute, il est difficile de tracer *a priori* une ligne de démarcation bien arrêtée entre le cas où la formule porte *ex bona fide*, et le cas ou elle porte *æquius melius*; mais la différence des expressions rend assez bien la latitude plus large qui sera laissée au juge statuant *æquius melius*. Ainsi le majeur de vingt-cinq ans sera restitué dans le cas ou il aura donné une valeur trop faible à des objets apportés en dot avec estimation. « Si in dote danda circumventus sit alteruter, etiam « majori annis XXV succurrendum est, quia bono et « æquo non conveniat, aut lucrari aliquem cum damno « alterius, aut damnum sentire per alterius lucrum. » (L. 6, D. *De jure dot.*) Il est incontestable qu'un majeur de vingt-cinq ans ne jouirait pas de la même faveur dans le cas où il intenterait toute autre action de bonne foi, l'*actio empti*, par exemple.

Maintenant que nous connaissons la nature de 'action, *rei uxoriæ* passons aux personnes qui pourront en profiter.

Dans le cas où le mariage est dissous par la mort de la femme, nous avons reconnu à l'ascendant paternel le droit de répéter la dot qu'il avait constituée à sa fille prédécédée. Cet ascendant aura l'action *rei uxoriæ* pour forcer le mari à restituer la dot.

En cas de divorce ou de mort du mari, il faut distinguer suivant que la femme devenue libre est *sui juris* ou *filiafamilias*. Dans le premier cas, elle exerce elle-même l'action *rei uxoriæ*; dans le second, c'est l'ascendant sous la puissance duquel elle est placée qui doit agir, *adjuncta filiæ persona*.

Les principes de la puissance paternelle fléchissent devant cette règle d'ordre public, que la dot doit être sauvegardée pour assurer à la femme le moyen de se remarier plus facilement.

La dot ne rentre pas dans le patrimoine de l'ascendant comme un bien ordinaire, elle lui est restituée *cum sua causa*, c'est-à-dire avec une affectation spéciale qui persistera tant que la fille ne sera pas remariée. (L. 29, D. *Sol. matr.* — L. 7, C. *De jur. dot.*)

L'ascendant ne pourra jamais agir seul, il lui faudra le consentement de sa fille, et la participation de celle-ci à la procédure qu'il voudra engager.

Cette faculté laissée à la fille en puissance, de paralyser à son gré la volonté de son ascendant est unique en droit romain, et l'on serait tenté de douter qu'elle eût existé à l'époque classique, si des fragments qui nous sont parvenus sans interpolations n'en faisaient foi. On lit au § 116 des *Vaticana Fragmenta* : « Paulus « respondit matrimonium quidem repudio a patre « misso ipso jure solutum videri, sed non licere patri « filiam invitam a marito abducere, noc dotem repetere « posse, nisi filia consentiente. »

Le même principe est reproduit au Digeste, L. 28, *De jure dotium*. « Post nuptias, pater non potest dete- « riorem causam filiæ facere, quia nec reddi ei dos « invita filia potest. »

Si la femme mourait après la dissolution du mariage sans avoir intenté l'*actio rei uxoriæ*, le mari ou ses héritiers resteraient-ils propriétaires de la dot ? Il faut bien supposer que la femme est *sui juris*, car s'il en était autrement, l'ascendant resterait toujours maître de son action. La question à résoudre est donc celle-ci : si, après le divorce ou la mort du mari, la femme vient à mourir sans avoir exercé l'*actio rei uxoriæ*, qui lui appartenait, cette action passe-t-elle à ses héritiers ? Ulpien nous donne la réponse au § 7 du titre VI des *Regulæ*. « Post divortium, defuncta muliere, « heredi ejus actio non aliter datur quam si moram in « dote mulieri reddenda maritus fecerit. » La *litis contestatio* n'était donc pas nécessaire, une simple mise en meure suffisait. Cette mise en demeure perpétuait l'action, alors même qu'elle n'émanait pas directement de la femme, pourvu qu'elle fût faite en son nom. (*Frag. Vatic.*, § 112.)

Il ne peut s'élever de doute que dans l'espèce suivante. Une dot adventice a été constituée à une femme; celle-ci meurt après le divorce sans que le mari ait été mis en demeure, et son père lui survit. Le père pourrait incontestablement réclamer une dot profectice, puisqu'il aurait droit à restitution alors même que le mariage aurait été dissous par la mort de la femme; mais quand il s'agit d'une dot adventice, la règle *ne et filiæ amissæ et pecuniæ damnum sentiret*, cesse d'être applicable et l'on peut se demander si le père ne doit pas être mis au nombre des héritiers frappés de déchéance par le défaut de mise en demeure. Nous ne le pensons pas, car s'il est vrai que le père ne puisse agir en principe que *adjuncta filiæ persona*, l'action n'en repose pas moins sur sa tête, et il en reste toujours le maître. Il n'est pas un héritier de droit commun, en ce sens que son action ne lui a pas été transmise par la défunte, il exerce un droit qui lui est propre, il agit en son nom personnel.

A côté de l'action du droit commun viennent s'en placer d'autres qui naissent de la stipulation des parties. Il peut se faire qu'au moment de la constitution de dot un pacte soit intervenu touchant la restitution. Pourvu que ce pacte n'ait pas été fait par le père et dans son intérêt propre, il donnera lieu à une action contrairement à la règle *quod dici solet ex pacto actionem non nasci.* » Cette action sera tantôt une *condictio*, tantôt une action *præscriptis verbis*. (L. 1, C., *De pactis conv.*; L. 6, C., *De jure dotium*; L. 1, C., *De rei ux. act.*)

Il arrivait fréquemment que la femme stipulait du

mari la restitution de la dot. A la dissolution du mariage, la femme et ses héritiers exerçaient en pareil cas l'*actio ex stipulatu*. Cette action différait profondément de l'*actio rei uxoriæ*, en ce qu'elle était de droit strict, tandis que celle-ci était de bonne foi, d'où il résultait que le mari poursuivi *ex stipulatu* devait rendre immédiatement la dot sans pouvoir profiter des délais du droit commun. Il ne jouissait pas du bénéfice de compétence, et ne pouvait exercer aucune espèce de rétention. Les héritiers de la femme pouvaient enfin agir *ex stipulatu*, alors même que le mari n'avait pas été mis en demeure.

II. — *Biens qui doivent être rendus.* — En principe, le mari doit rendre la totalité de la dot, mais cette règle doit être diversement appliquée suivant qu'il s'agit d'immeubles ou de meubles.

L'immeuble dotal doit être restitué en nature, franc de toutes charges, car la loi Julia défend de l'hypothéquer. Si cependant cet immeuble a été aliéné avec le consentement de la femme, le mari se trouvera dispensé de le restituer. Si la femme a consenti à ce que le fonds dotal fût échangé contre un autre, elle ne pourra réclamer que ce dernier fonds.

Toutes les fois que l'aliénation a eu lieu sans aucune faute imputable au mari, celui-ci se trouve dispensé de restituer les biens dotaux en nature.

Tryphoninus suppose dans la loi 67, *De jure dotium*, qu'un fonds commun a été constitué en dot à une femme, et il s'exprime en ces termes :

« Si fundus communis in dotem datus erit, et

« socius egerit cum marito communi dividundo adjudi-
« catusque fundus socio fuerit in dote erit quantitas
« qua socius marito damnatus fuerit, aut si omissa
« licitatione extraneo addictus is fundus fuerit, pretii
« portio quæ distracta est, sed ita ut non vice corporis
« habeatur, nec divortio secuto, præsenti die quod in
« numero est restituatur, sed statuto tempore solvi
« debeat. Quod si marito fundus fuerit adjudicatus,
« pars utique data in dotem dotalis manebit : divortio
« autem facto, sequetur restititutionem propter quam
« ad maritum pervenit etiam altera portio, scilicet
« ut recipiat tantum pretii nomine a muliere quantum
« dedit ex condemnatione socio. »

Le jurisconsulte prévoit les hypothèses suivantes.
Le fonds commun a été adjugé au copropriétaire, et
alors la somme que celui-ci a dû payer au mari sera
dotale et devra être restituée à la femme.

Ou bien le fonds aura été licité à un étranger, et
alors la femme aura droit à une quote part du prix de
vente, quote part qui entrera dans la dot.

Ou bien enfin le mari se sera rendu adjudicataire
de l'immeuble, et quoique dans ce cas la part indivise
afférant à la femme soit seule restée dotale pendant
le mariage, l'immeuble tout entier devra être restitué
après le divorce.

Remarquons que dans les deux hypothèses où c'est
une somme d'argent qui prend dans la dot la place
d'un immeuble, la subrogation réelle qui s'opère par
suite de l'adjudication n'est pas absolue, en ce sens que
le mari jouit de délais qui ne lui seraient pas accordés
s'il avait été obligé de restituer un fonds, et est traité

comme si à l'origine il avait reçu en dot une somme d'argent. On comprend en effet que, n'ayant commis aucune faute il ne doit pas être exposé aux embarras qui lui causerait le payement immédiat d'une créance dotale au moment où le mariage est dissous,

Quand la constitution de dot porte sur des objets mobiliers, le mari n'est tenu de les rendre en nature que dans le cas où ces objets sont des corps certains qui n'ont pas été estimés.

S'il y a eu estimation, le mari est réputé avoir acheté les choses dotales, et il doit en rendre seulement la valeur.

Mais si les corps certains n'ont pas été estimés, le mari devra veiller à leur conservation avec une plus grande diligence qu'un simple dépositaire. « In rebus dotalibus, virum præstare oportet tam do- « lum quam culpam, quia causa sua dotem accepit « sed etiam diligentiam præstabit, quam in suis re- « bus adhibet. » (L. 72, *De jure dotium*.)

Si la dot a porté sur des choses qui *pondere, nu-mero, mensura continentur*, il doit les restituer en pareille quantité et qualité.

Reste à savoir comment s'opérera la restitution.

Les immeubles et les corps certains mobiliers de-vront être rendus immédiatement.

Le mari a au contraire trois délais chacun d'un an, pour restituer par tiers les choses fongibles et de quan-tité. « Dos si pondere, numero, mensura contineatur, « annua bima, trima die redditur, nisi ut præsens red. « datur convenerit. » Ulp. *Reg.* VI, § 8.)

Si la femme ne revendique pas contre les tiers acquéreurs l'immeuble indûment aliéné par le mari, celui-ci ne jouira d'aucun délai pour en restituer le prix.

Le mari n'est pas toujours tenu de rendre la dot tout entière; il peut être autorisé à en conserver une partie, à raison de certaines circonstances prévues par la loi. Nous grouperons sous trois chefs les différentes causes de retenues dont le mari pourra profiter : Impenses nécessaires faites sur le fonds dotal, enfants nés du mariage, désordres de la femme.

Lorsque le mari a consacré une partie de ses biens à des dépenses nécessaires destinées à conserver le fonds dotal, il peut répéter de la femme les sommes qu'il a dépensées pour elle. Les jurisconsultes admettaient le principe *necessarias impensas ipso jure dotem minuere.*

Il ne faudrait pas cependant prendre ces expressions à la lettre. Le fonds tout entier devait être restitué, mais le mari avait le droit de le retenir en gage jusqu'à parfait remboursement des impenses nécessaires. Mais si la dot ne se composait pas exclusivement d'immeubles, le mari avait le droit de s'indemniser de ses déboursés sur les sommes d'argent qu'il aurait dû rendre.

Les dépenses utiles ne conféraient au mari qu'une créance de droit commun. « Utiles non quidem mi-« nuunt ipso jure dotem, verum habent exactionem. » (L. 7, 61, D. *De impensis.*)

Pour déterminer la retenue que le mari avait le droit de faire pour subvenir à l'entretien des enfants laissés à sa charge, il y avait lieu de distinguer suivant que le mariage avait été dissous par le prédécès de la femme ou par un divorce provenant du fait de cette dernière.

Dans le cas où la femme mourait *durante matrimonio* et où l'ascendant paternel survivant réclamait au mari la dot profectice, celui-ci retenait autant de cinquièmes qu'il y avait d'enfants communs : « Dos a patre « profecta ad patrem revertitur, quintis in singulos liberos in infinitum relictis penes virum. » (Ulp. *Reg.* VI § 4.) De cette expression *in infinitum relictis* qu'emploie le jurisconsulte il faut conclure que si le mari avait cinq enfants ou un plus grand nombre, il il était dispensé de toute restitution.

Si un divorce occasionné par la faute de la femme ou de son ascendant paternel, avait mis fin à la société conjugale, le mari gardait autant de fois un sixième de la dot qu'il y avait d'enfants ; si toutefois ces derniers étaient plus de trois, la retenue ne pouvait pas dépasser trois sixièmes.

Enfin la femme pouvait par sa mauvaise conduite dispenser le mari de rendre la totalité de la dot. Une faute grave, telle qu'un adultère, entraînait une retenue d'un sixième, tout autre désordre moins coupable ne privait la femme que du huitième de la dot. « Morum « nomine, graviorum quidem, sexta retinetur ; levio- « rum autem octava. Graviores mores sunt adulteria « tantum, leviores omnes reliqui. » (Ulp. *Reg.* VI § 12.)

Nous avons vu que le mari jouissait de certains délais pour restituer les sommes d'argent et les choses fongibles ; mais il en perdait le bénéfice s'il se rendait coupable de désordres graves.

S'il avait commis un adultère, il devait rendre toute la dot immédiatement ; si la faute était moins grave, les trois délais d'un an étaient réduits chacun à six mois.

Si la dot ne se composait que d'immeubles et d'objets mobiliers corps certains, c'est-à-dire de choses qui devaient être toujours rendues sans retard, le mari coupable supportait la perte des fruits produits par les biens dotaux pendant une durée égale à celle des délais dont il avait été déchu. « In ea autem quæ « præsens reddi solet, tantum ex fructibus jubetur « reddere, quantum in illa dote quæ triennio redditur « repræsentatio facit. » (Ulp. *Reg*. VI, § 13.)

Il était de principe que la dot destinée à subvenir aux charges du mariage devait rester entre les mains du mari, tout le temps que durait le mariage. Avant le divorce ou la mort du mari la femme ne pouvait pas agir en restitution.

Une seule dérogation avait été apportée à ce principe. La loi 24, *Soluto matrimonio*, nous apprend que dans le cas où le mari devenait insolvable, il pouvait être contraint de rendre les biens dotaux. « Si, constante « matrimonio, propter inopiam mariti mulier agere « volet, unde exactionem dotis initium accipere pona- « mus? Et constat exinde dotis exactionem competere « ex quo evidentissime apparuerit mariti facultates ad « dotis exactionem non sufficere. » Et encore avait-on dû recourir à une fiction, pour qu'il fût possible à la femme d'agir pendant le mariage. On supposera le divorce intervenu, et on donnera à la femme l'action qu'elle aurait pu exercer si le mariage avait été réellelement dissous. Justinien, dans la loi 24 au Code, *De jure dotium*, a supprimé la nécessité de cette fiction, en même temps qu'il nous en a révélé l'existence.

Tel était le seul cas dans lequel le mari pouvait être contraint de restituer la dot pendant le mariage; il était même admis en principe qu'il ne pouvait pas la rendre volontairement. Il se serait exposé à payer deux fois s'il avait restitué la dot à sa femme en dehors des hypothèses prévues par la loi. Il fallait, pour que le mari ne pût plus être de nouveau actionné, ou que la femme se fût engagée à employer les revenus de sa dot à son entretien et à celui de ses gens, ou qu'elle eût eu besoin du capital, soit pour payer ses dettes, soit pour acheter un immeuble propre à recevoir telle destination déterminée, soit enfin pour venir au secours de personnes qui lui tenaient de près.

Les empereurs Honorius et Théodose considèrent cette prohibition de restituer la dot pendant le mariage comme une conséquence de la règle plus générale qui interdit toute donation entre époux. « Si, con-« stante matrimonio, dos sine causa legitima refusa « est, quod legibus stare non potest, quia donationis « instar perspicitur obtinere, eadem uxore defuncta « ab ejus heredibus cum fructibus ex die refusæ do-« tis marito restituatur. » (L. un. C. *Si dos constante matrimonio refusa fuerit.*)

Cependant les principes généraux sur la donation entre époux ne suffisaient pas pour frapper de nullité la restitution anticipée faite par le mari, et il est possible d'expliquer la règle que nous venons de rappeler par des raisons exclusivement tirées de la nature et de la destination de la dot.

III. — *Privilége qui garantit la restitution de la dot.*

— Il est de principe en droit romain aussi bien qu'en droit français, que les biens d'un débiteur sont le gage commun de tous ses créanciers. Ceux-ci doivent par conséquent se faire colloquer au marc le franc sur le prix qui peut être retiré du patrimoine de leur débiteur. Cette règle n'est cependant pas absolue et souffre un assez grand nombre d'exceptions. Pour bien comprendre la position particulière qui était faite à la femme agissant en restitution de dot, il est nécessaire d'étudier rapidement les droits de préférence que la loi romaine accordait à certains créanciers. Ces droits de préférence tiraient leur source de la convention ou de la loi. Par une convention avec le débiteur, le créancier pouvait acquérir un droit de gage ou d'hypothèque, c'est-à-dire s'assurer que tel ou tel bien serait spécialement affecté au payement de la dette. Il y avait entre le gage et l'hypothèque cette différence fondamentale, que le créancier avait la détention de la chose engagée, tandis que la chose hypothéquée restait en la possession du débiteur. Nous nous servons de l'expression la plus large pour désigner toute espèce de biens, parce que l'hypothèque aussi bien que le gage pouvait porter sur des objets mobiliers.

Le créancier hypothécaire ou gagiste avait une action réelle, qui lui donnait non-seulement le droit de se faire payer par préférence sur l'objet hypothéqué ou engagé, mais encore le droit de suivre cet objet entre les mains des tiers.

La loi fit dans certains cas ce que la convention aurait pu faire, et elle accorda à certains créanciers des droits de gage ou d'hypothèque tacites.

Mais le législateur ne s'arrêta pas là et il créa des priviléges. Le privilége pouvait s'appliquer à une créance chirographaire ou à une créance hypothécaire. La créance chirographaire privilégiée passait avant toutes celles qui n'étaient nanties d'aucun droit réel; la créance hypothécaire privilégiée primait toutes les autres hypothèques.

Or, du temps des jurisconsultes, la femme n'avait qu'un privilége personnel pour se faire restituer sa dot, c'est-à-dire qu'elle primait tous les créanciers chirographaires du mari, mais qu'elle ne passait qu'après les hypothèques simples ou privilégiées. Elle n'a aucun droit réel, tous les biens valablement engagés par le mari conservent l'affectation spéciale qui leur a été donnée. Seulement, dès que s'ouvre la distribution des biens restés libres, la créance de la femme arrive en première ligne et est payée avant toutes les autres.

Perezius a très-bien défini le double caractère d'un privilége qui se justifie par la nature de la créance et la personne du créancier. « Propter causam et per-
« sonam, potior est mulier, quamvis posterior in repe-
« titione dotis. Tribuitur hoc privilegium partim
« causæ, quia mulier non in omni causa præfertur
« anterioribus creditoribus, sed solum in dotis repe-
« titione ; partim personæ, quia non quisquis dotem

« repetit, hoc privilegio utitur, sed mulier duntaxat,
« ut nubere facilius possit. »

Le privilége est attaché à la créance, parce qu'il est
d'intérêt public que la femme recouvre sa dot et puisse
se remarier ; le privilége est attaché à la personne,
parce que la faiblesse de la créancière mérite protection.

Si la nature de la créance avait seule déterminé la
faveur exceptionnelle dont nous venons de parler, on ne
pourrait pas s'expliquer comment le privilége ne passe-
rait pas au père de la femme ou à ses héritiers.

Si, d'un autre côté, le privilége était exclusivement
attaché à la personne, on ne comprendrait pas comment la femme n'en jouirait pas pour se faire remplir
des créances non dotales qu'elle aurait à exercer
contre son mari.

Du caractère essentiellement personnel du privilége
dont nous venons de parler, il résulte que les ayants
cause de la femme ne pourront dans aucun cas en
jouir, alors même qu'ils agiraient au nom de cette dernière. Le *procurator in rem suam*, par exemple, alors
même qu'il aurait été chargé par la femme de faire
restituer la dot, ne profitera pas du privilége dont
nous nous occupons.

Remarquons enfin que la prérogative de la femme
est d'ordre public, et que dans aucun cas celle-ci ne
peut renoncer à s'en prévaloir.

Nous avons du reste peu de textes relatifs à ce *privilegium inter personales actiones*, qui était accordé à
la femme du temps des jurisconsultes. Il en est question dans la loi 17, au Digeste, *De rebus auctoritate judi-*

cis possidendis, et au titre du Code, *De privilegio dotis,* mais nulle part on ne trouve une explication complète de cette matière. Il peut même s'élever quelques doutes sur la question de savoir si, avant Justinien, la femme primait absolument tous les créanciers chirographaires. Du reste cette difficulté se rattache au classement des priviléges, c'est-à-dire à la partie de lalégislation romaine qu'il est le plus difficile d'expliquer et d'élucider.

Il résulte néanmoins de ce que nous savons du *privilegium inter personales actiones,* que du temps des jurisconsultes la restitution de la dot n'était pas entourée de garanties suffisantes. La femme ne pouvait pas revendiquer ses immeubles dotaux quand elle avait consenti à leur aliénation, et le privilége personnel dont elle jouissait ne lui en assurait même pas toujours la restitution quand ces biens étaient restés entre les mains du mari. Sans doute, les hypothèques consenties sur le fonds dotal pendant le mariage étaient nulles de plein droit, mais la loi Julia ne prohibait que les aliénations ou impignorations volontaires ; les hypothèques légales qui grevaient le mari à raison de sa qualité de tuteur ou d'agent du fisc, s'étendaient sur les biens dotaux et primaient le privilége personnel de la femme,

Cette partie de la législation romaine était donc fort imparfaite avant les réformes de Justinien.

CHAPITRE III

**Garanties données à la femme pour la restitu-
tion de la dot sous la législation de Justinien.
Hypothèque tacite privilégiée.**

Impitoyablement sacrifiée aux principes rigoureux
du droit quiritaire, mal défendue par la loi Julia et
le privilége personnel de l'époque classique, la femme
ne devait trouver un ensemble de garanties sérieuses
et efficaces que sous le droit de Justinien.

Ce prince fut le véritable fondateur du régime dotal, et les nombreuses constitutions qu'il a rendues
pour sauvegarder les droits de la femme lui ont valu
le surnom d'*imperator uxorius*.

Ses premières innovations furent heureuses, mais
il ne tarda pas à s'engager dans un système de dotalité à outrance, et à protéger la femme au delà de
toute raison et de toute justice.

Voici les principaux traits du régime matrimonial
organisé par Justinien.

L'ancienne action *rei uxoriæ* est abolie pour être
remplacée par l'action *ex stipulatu*, légèrement modifiée.

Les immeubles dotaux sont frappés d'une inaliénabilité absolue.

La femme jouit d'une hypothèque privilégiée sur
tous les biens dotaux, et elle peut dans certains cas les
revendiquer à l'encontre des tiers.

Tous les biens du mari, quels qu'ils soient, sont grevés d'une hypothèque tacite privilégiée, qui permet à la femme de primer les tiers, alors même qu'ils auraient sur ces biens des droits de préférence défi‑ nitivement acquis avant le mariage.

Comme la condition du fonds dotal ne rentre pas dans le plan de cette étude, nous n'aurons pas à nous occuper des règles relatives à l'inaliénabilité, et nous nous bornerons à examiner les garanties accordées à la femme pour la restitution de la dot. Nous diviserons ce chapitre en trois paragraphes. 1° Action en restitution de la dot. 2° Priviléges atta‑ chés à cette restitution. 3° Personnes qui pouvaient profiter de ces priviléges.

§ 1ᵉʳ — *Action en restitution de la dot.*

Justinien dans la loi unique au Code, *De rei uxoriæ actione in ex stipulatu actionem transfusa*, organise l'action que devra intenter la femme pour se faire res‑ tituer la dot.

En principe, l'ancienne action *ex stipulatu* est seule conservée, mais elle est modifiée par quelques em‑ prunts faits à l'action *rei uxoriæ*.

Ainsi la loi un. C. *De rei uxoriæ*, décide qu'à l'avenir l'action *ex stipulatu* sera de bonne foi et que le mari jouira du bénéfice de compétence. La caution *de dolo*, qu'exigeait habituellement le mari, se trouve par conséquent sous-entendue en même temps que la stipulation qui auparavant accompagnait la consti‑ tution de dot. A cela près, l'action *ex stipulatu* con‑ serve ses principaux effets.

Elle passe aux héritiers de la femme, alors même que celle-ci n'aurait pas mis le mari en demeure.

Elle prive le mari du droit de faire les retenues que lui permettait l'action *rei uxoriæ*.

Dans le cas où le mari a laissé une disposition de dernière volonté au profit de la femme, celle-ci n'est plus obligée d'opter entre l'exercice de son action et le bénéfice de la libéralité qui lui est faite. Justinien abroge formellement cette conséquence de l'ancienne action *rei uxoriæ*. « Sciendum itaque est
« Ædictum prætoris, quod de alterutro introductum
« est, in ex stipulatu actione cessare, ita ut uxor et a
« marito relicta recipiat, et dotem consequatur, nisi
« specialiter pro dote ei maritus ea dereliquit ; cum
« manifestissimum sit testatorem qui non hoc addide-
« rit, voluisse eam utrumque consequi. » (L. un. C.,
De rei ux. act. § 5.)

En ce qui touche les délais accordés au mari pour la restitution de la dot, Justinien abroge les principes consacrés par les deux actions de l'ancien droit. Le mari doit rendre immédiatement les immeubles, tandis qu'il a un délai d'un an pour rendre les meubles. Cette distinction n'a d'autre mérite qu'une certaine simplicité, mais elle ne repose sur aucune raison sérieuse.

§ 2. — *Priviléges attachés à la restitution de la dot.*

Justinien a rendu sur cette matière trois constitutions fort importantes.

En 529, la loi 30 du Code, *De jur. dotium,* accorda

à la femme: 1° une action en revendication sur les choses dotales ; 2° une action hypothécaire sur toutes les choses apportées en dot, mobilières ou immobilières, estimées ou non estimées.

En 530, la loi unique au Code, *De rei uxoriæ*, établit en faveur de la femme une hypothèque générale et tacite sur tous les biens du mari.

Enfin en 531 la loi 12 au Code *Qui potiores*, célèbre sous le nom de loi *Assiduis*, attacha un privilége à l'hypothèque tacite dont nous venons de parler, et permit à la femme de primer tous les créanciers du mari, alors même qu'ils auraient acquis des droits hypothécaires antérieurement au mariage.

Il résulte de l'exposé que nous venons de faire que la femme avait en même temps, des droits particuliers sur les biens dotaux et une hypothèque privilégiée sur tous les biens du mari. Ces deux espèces de garanties feront l'objet des deux subdivisions du présent paragraphe.

1. *Droits de la femme sur les biens dotaux.*—Nous avons vu que la loi 30 au Code, *De jure dotium*, accordait à la femmme une action en revendication et une action hypothécaire.

Les termes généraux de la loi 30 ne peuvent laisser de doute que sur la question de savoir si certains biens dotaux n'échappent pas au droit de revendication exercé par la femme. Le mari peut valablement aliéner les meubles dotaux ; cela résulte de la loi un. C., *De rei uxoriæ*, § 15. Pendant le mariage, les tiers peuvent en devenir légitimes propriétaires, car on ne comprendrait pas comment, après avoir acquis d'une personne qui avait pouvoir de vendre, ils tomberaient sous le coup d'une revendication.

En ce qui touche les choses estimées, personne n'a contesté au mari le droit de les aliéner. Il est dans la position d'un acheteur; c'est lui qui doit supporter les risques, il peut par conséquent investir les tiers des droits qui lui appartiennent et les rendre propriétaires incommutables. La loi un, C., *De rei ux.* § 15, ne peut laisser aucun doute à ce sujet. Il ne peut s'élever de difficulté sérieuse que sur le point de savoir si la femme pourra revendiquer ces choses estimées lorsqu'elles seront restées dans le patrimoine du mari. On pourrait dire que la propriété du mari sur les biens dotaux se trouve rescindée à la dissolution du mariage, et que la femme doit reprendre en nature des objets qui par le fait n'ont jamais cessé de lui appartenir. Les droits valablement acquis par les tiers ne font plus échec au principe en vertu duquel la femme a conservé la propriété naturelle de la dot, principe sur lequel Justinien revient si souvent dans la loi 30. « Cum eædem res (dotales) et ab initio « uxoris fuerint, et naturaliter in ejus permanserint « dominio... ex naturali jure ejusdem mulieris res « esse intelligantur. » La propriété du mari sur les choses dotales n'est, ajoute la constitution, qu'une subtilité des lois : « Legum subtilitate transitus « earum in patrimonium mariti... secundum legum « subtilitatem ad mariti substantiam pervenisse. » Rien ne prouve cependant que dans le droit de Justinien, la propriété du mari sur les choses dotales ait été définitivement abolie. L'hypothèque privilégiée que la même loi 30 accorde à la femme sur tous les biens qui font partie de la dot est inconciliable avec la prétendue propriété naturelle dont parle cette constitution. Sans doute, les termes de la loi 30 trahissent une certaine incertitude dans l'esprit du législateur, mais il n'en est pas moins vrai, que les principes de loi Julia ne sont nulle part abrogés.

D'un autre côté, un assez grand nombre de textes insérés au Code consacrent l'assimilation de la chose estimée à la chose vendue. Il serait difficile d'admettre que la femme pût à son gré maintenir ou effacer la loi qu'elle s'est faite. En livrant à son mari des biens estimés, elle a entendu être traitée comme si elle s'était constitué en dot une somme d'argent. Le mari n'a pas entendu prendre à sa charge toutes les chances mauvaises, et permettre à la femme de revendiquer les biens en nature s'ils ont augmenté de valeur, ou de s'en faire payer le prix s'ils ont été détruits ou détériorés.

Les questions que nous venons d'examiner ne peuvent pas se présenter à propos de l'hypothèque de la femme sur les biens dotaux. Cette hypothèque est aussi large que possible; elle porte sur la dot tout entière ; peu importe que les biens soient estimés ou non estimés, meubles ou immeubles, que l'aliénation faite par le mari ait été volontaire ou nécessaire ; la femme a toujours un droit de suite contre les tiers. Il suffit que les choses dotales *existant* c'est-à-dire aient encore une existence matérielle, pour que l'hypothèque de la femme les atteigne là où elles se trouveront. Ajoutons à cela, qu'un privilége est attaché à cette hypothèque, et que la femme primera par conséquent tous les créanciers du mari sans aucune exception.

II. — *Hypothèque tacite de la femme sur les biens du mari.* — Le privilége que nous venons d'étudier cessait de protéger la femme lorsqu'elle avait à réclamer une créance dotale payée pendant le mariage, ou une indemnité à raison de dégradations, imputables au mari. La loi un. C. , *De rei uxoriæ*, vint combler cette lacune et accorder à la femme une hypothèque tacite sur tous les biens de son mari. « Ita enim et impe-
« ritia hominum et rusticitas nihil eis poterit afferre
« præjudicium, cum nos, illis ignorantibus et nes-
« cientibus, in hoc casu nostram induxerimus provi-
« dentiam. »

Cette hypothèque devait se combiner avec le privilége personnel dont nous nous sommes occupés précédemment, et prendre rang à la date du mariage.

De même qu'en remplaçant l'action *rei uxoriæ* par l'action *ex stipulatu*, Justinien sous-entendait une stipulation entre les parties, de même il sous-entendait une constitution d'hypothèque destinée à assurer la restitution de la dot. Le législateur se borne à prendre dans l'intérêt de la femme une précaution qu'elle pourrait négliger, et à introduire dans le contrat de mariage une clause que les parties elles-mêmes y auraient insérée si elles avaient été diligentes. « Sicut « enim et stipulationes et hypothecæ inesse dotibus « intelliguntur et inutiles stipulationes emendantur, « sic et in posterum causa invenietur valida et per- « fecta, quasi omnibus dotalibus instrumentis a pru- « dentissimis viris confectis. » (L. un. C., *De rei uxoriæ.*)

Tout se passera par conséquent comme si la dot avait été accompagnée d'une constitution d'hypo- thèque. Si le mari a aliéné ses biens, la femme les suivra entre les mains des tiers et se fera payer sur le prix, en respectant toutefois les hypothèques anté- rieures au mariage. Si les biens sont restés dans le patrimoine du mari, la femme exercera son *privi- legium inter personales actiones*, et ne primera plus que les créanciers chirographaires.

Nous n'avons pas à insister longuement sur une législation qui ne dura qu'une année. La loi 12, au Code, *Qui potiores in pignore*, fut rendue en 531 et vint ajouter un privilége à l'hypothèque tacite dont nous venons de parler.

Justinien nous apprend lui-même que, touché des plaintes perpétuelles des femmes, il avait résolu de compléter le système de protection dont il avait en- touré la dot. Après le *privilegium personale* de l'é- poque classique et l'hypothèque tacite de la loi 30 au Code, *De jure dotium*, il ne restait plus qu'un degré à franchir pour élever la femme au-dessus de tous les créanciers du mari ; les constitutions précédentes avaient respecté les droits acquis avant le mariage ;

la loi 12 au Code, *Qui potiores*, les sacrifia complètement. Désormais la femme arrivera au premier rang
des créanciers hypothécaires. Peu importe que ces
derniers aient traité à une époque où les biens de leur
débiteur étaient tout à fait libres, ils ne seront jamais
payés qu'après restitution de la dot, *licet anteriores
sint, temporis privilegio vallati*. Plus de sécurité
dans les transactions , il suffira que le débiteur se
marie pour faire évanouir le gage du créancier. Il
était difficile d'imaginer une disposition plus injuste
et plus funeste au crédit ; la loi *Assiduis* ne peut s'expliquer que par des intrigues de palais.

Le privilége accordé à la femme était d'autant plus
exorbitant, qu'en droit romain, l'hypothèque attei-
gnait les meubles corporels et les créances aussi bien
que les immeubles, de telle sorte que le patrimoine
du mari était affecté tout entier à la restitution de la
dot.

Examinons les différentes classes de biens sur lesquels la femme pouvait exercer ses droits hypothécaires.

Nous trouvons d'abord tous les biens dont le mari
était propriétaire au moment du mariage.

En second lieu, tout bien tombé pendant le mariage
dans le patrimoine du mari était affecté de plein
droit au gage de la femme.

En troisième lieu, les biens dotaux livrés avec estimation étaient censés vendus au mari et devaient être
par conséquent assimilés aux biens propres de ce
dernier ; au moins en ce qui touchait le privilége de
la loi *Assiduis*.

Enfin, la femme était libre de renoncer à son droit de revendication sur les choses dotales non estimées, pour s'en tenir à l'hypothèque privilégiée que la loi 30, au Code *De jure dotium*, lui donnait sur cette classe de biens.

Malgré les termes généraux de la loi *Assiduis*, il ne faudrait pas croire que toutes les créances que la femme pouvait avoir contre le mari fussent garanties par l'hypothèque tacite privilégiée.

Le législateur a voulu assurer la restitution de la dot, c'est-à-dire des biens que la femme apporte à son mari pour subvenir aux charges du ménage; mais le patrimoine tout entier de la femme ne jouit pas des faveurs exceptionnelles édictées par la loi *Assiduis*.

Une créance de la femme ne sera privilégiée qu'à la condition d'être dotale, ou, ce qui revient au même, de pouvoir être répétée par l'action *rei uxoriæ*.

Le privilége de la loi *Assiduis* protégera par conséquent les créances suivantes :

1° Sommes apportées en dot ;

2° Sommes dues à raison de l'aliénation d'immeubles dotaux que la femme ne veut pas revendiquer ;

3° Prix des biens livrés au mari avec estimation ;

4° Meubles qui devaient être restituées en nature ;

5° Indemnités dues à raison de détériorations que les biens dotaux auraient subies par suite d'une faute imputable au mari.

Il faut, en principe, que la femme puisse recouvrer l'intégralité des biens de toute nature qu'elle a apportés à son mari, et ne se trouve pas dénuée de toutes ressources après la dissolution de la société conjugale.

L'application de cette règle ne soulèverait aucune difficulté si la consistance de la dot était définitivement établie au moment des justes noces ; mais il ne faut pas oublier qu'à Rome la dot pouvait être constituée ou augmentée pendant le mariage. Il y a donc lieu de se demander si cette dot créée après coup, si cet augment de dot étaient protégés par l'hypothèque privilégiée.

Peu importe que la dot ait été constituée avant ou après le mariage ; par cela seul que la femme aura apporté un certain bien à son mari pour subvenir aux charges communes, ce bien deviendra dotal et sera par conséquent garanti par les priviléges de la loi *Assiduis*.

L'assimilation que nous venons de faire entre l'augment de dot et la dot elle-même peut être acceptée dans toute sa rigueur lorsque le mari n'a constitué aucune hypothèque pendant le temps qui s'est écoulé entre le jour du mariage et le jour où la dot a été augmentée.

Les créanciers hypothécaires antérieurs au mariage savaient que leurs droits étaient subordonnés à la quotité de la dot qu'apporterait la femme de leur débiteur ; ils savaient que la loi *Assiduis* pouvait faire évanouir leur gage au profit des femmes, *ut contra antiquiores hypothecas habeant honorabiliora jura ;* ils savaient enfin, au moment où ils prêtaient leur argent, qu'ils pourraient être primés un jour par une créancière privilégiée et qu'ils devaient se résigner à voir les gages stipulés par eux se restreindre à une fraction dont l'événement déterminerait la consistance.

Telle n'est pas la position du créancier qui a reçu une hypothèque pendant l'intervalle qui s'est écoulé entre la célébration du mariage et la constitution de l'augment. A l'époque où ce créancier a traité, les droits de la femme étaient nettement déterminés par les conventions matrimoniales, et une portion du patrimoine du mari paraissait complétement libre; ce créancier connaissait en un mot le rang et la quotité des hypothèques qui devaient le primer. Ce serait étendre la loi *Assiduis* au delà de toute raison et de toute justice, que de permettre aux époux de faire évanouir par un augment de dot des hypothèques consenties pendant le mariage. Aucun texte formel ne tranche cette question, mais on peut établir en principe que la dotalité n'est opposable à un tiers qu'à raison des biens compris dans la dot au moment où ce tiers traite avec le mari. En l'absence de tout texte, en ne peut faire valoir aucune raison pour obliger un créancier hypothécaire à se laisser primer par une créance qui n'existait même pas en germe au moment où son hypothèque lui avait été consentie.

D'ailleurs, pour bien apprécier la portée des innovations contenues dans la novelle 97, il n'est pas inutile de consulter la loi 19 au Code, *De donationibus ante nuptias*, que Justinien a voulu abroger. Dans cette constitution, l'empereur Justin décidait que les hypothèques stipulées pour la garantie de l'augment prendraient rang à leur date, et ne rétroagiraient pas

jusqu'au jour où la dot primitive avait été constituée.
« Jura etiam hypothecarum quæ in augenda dote vel
« donatione fuerint ex eo tempore initium accipiant,
« ex quo eædem hypothecæ contractæ sunt, et non ad
« prioris dotis, vel ante nuptias donationis tempora
« referantur. » Justin suppose dans ce texte que la
constitution de l'augment a été accompagnée d'une
stipulation d'hypothèque, et décide que l'hypothèque
consentie par le mari prendra rang à la date du contrat. Cette disposition s'explique sans peine dans une
législation qui n'admettait pas encore d'hypothèque
tacite en faveur de la femme. Dans la novelle 97,
Justinien avait à concilier les règles relatives à la garantie de l'augment dotal avec les constitutions qu'il
avait précédemment rendues. De même que sous Justin, l'augment de dot et la dot elle-même étaient assimilés en ce sens qu'ils devaient être garantis par des
hypothèques expressément stipulées ; de même sous
Justinien l'hypothèque tacite privilégiée qui proté-
geait la dot devait s'étendre à l'augment. Mais comme
le législateur de la novelle prévoit les dangers que
cette disposition pourra faire courir aux créanciers du
mari, il exige certaines conditions pour que l'augment
de dot puisse jouir du privilége dont nous nous occupons. « Quod enim ab initio factum est, in toto
« sine suspicione est ; quod autem postea machina-
« tum est contra creditores, hoc ipso introducit me-
« ditationem : et lædi homines ex dato a nobis dotibus
« privilegio, nullo volumus modo ; si vero fuerit
« debitum contra virum ullum neque suspicio contra
« creditores circumventionis, tunc et in pecuniis, et,

« ut volunt, augmentum fiat ab eis: utrique tamén
« augmento sic faciendo, et æqualitatem habente,
« ut æquitatem servemus. Quæ enim erit cir-
« cumventionis suspicio, viro obligato nulli existente
« et præterea augmentis sine tergiversatione fac-
« tis? »

Pour que l'augment jouisse du privilége attaché à
la dot, il faut donc que les deux conditions suivantes
se trouvent réunies : aucun soupçon de fraude ne
doit peser sur les deux époux, et le mari ne doit avoir
aucun créancier. S'il est difficile d'admettre, en présence des termes généraux de la novelle 97, que
des créanciers antérieurs au mariage ne seraient pas
primés par la femme à raison de son augment, on
peut néanmoins conclure des passages que nous venons de citer, que Justinien a eu surtout en vue les
créanciers postérieurs au mariage et qu'il a voulu les
prémunir contre les dangers qu'une augmentation de
dot pouvait leur faire courir.

Du reste, même avec le tempérament dont nous
venons de parler, la faculté d'étendre le privilége dotal
n'en restait pas moins une source abondante de fraudes,
et Justinien a essayé de porter remède à cet abus en
ne permettant à la femme de se constituer un augment
mobilier, que dans le cas où elle ne serait propriétaire
d'aucun immeuble. « Si autem mulier immobilium
« habens rerum substantiam in rebus mobilibus scri-
« bat augmentum, sciat privilegium non habituram,
« nisi in antiqua sola dote, non figurato existente
« augmento. »

Garantie bien illusoire, du reste, si on la compare

aux dangers que l'augment de dot faisait courir aux créanciers du mari.

Les biens compris dans une donation *ante nuptias* ou une donation *propter nuptias* étaient l'objet d'une protection toute spéciale, mais ne jouissaient pas de tous les priviléges de la dot. Ces libéralités que le mari faisait à la femme présentaient la plus grande analogie avec la dot ; destinées à supporter les charges du ménage, elles étaient, en quelque sorte, le corrélatif de l'apport dotal, et restaient dans certains cas définitivement acquises à la femme, de même que dans certains cas, la dot restait définitivement acquise au mari. Comme la dot, la donation *ante nuptias* ou *propter nuptias* devait revenir à la femme et restait entre les mains du mari ; les abus de pouvoir étaient possibles, et par conséquent les garanties devenaient nécessaires. Justinien, dans la novelle 61, assimile l'immeuble dotal à l'immeuble compris dans la donation *propter nuptias* et manifeste clairement sa pensée dans la rubrique même de cette constitution : « Ut immo-
« bilia antenuptialis donationis neque hypothecæ
« dentur, neque omnino alienentur a viro, nec con-
« sentiente uxore, nisi postea satisfieri possit uxori,
« hæc vero etiam in dote valere. »

Il résulte de l'ensemble de cette novelle, que le mari ne pourra pas plus aliéner ou hypothéquer l'immeuble compris dans une donation *propter nuptias*, que l'immeuble dotal. Justinien ajoute que si la femme donne son consentement, elle ne sera valablement obligée envers les tiers que dans le cas où les biens du mari seront suffisants pour la désintéresser ; de telle sorte, qu'en définitive elle n'éprouvera jamais aucun préjudice de l'hypothèque ou de l'aliénation auxquelles elle aura consenti.

Néanmoins l'assimilation dont nous venons de parler n'était pas complète ; la femme ne pouvait pas exercer une hypothèque privilégiée pour réclamer une donation *propter nuptias*. Cujas fait très-bien ressortir cette différence à propos du § 4 de la novelle 61, « Æquiparari quidem dotem donationi propter nup-« tias, in superiori specie, sed non in privilegio. »

Plusieurs textes nous donnent la raison de cette différence. En perdant sa dot, la femme se ruine, tandis qu'en perdant une donation *ante nuptias* elle néglige seulement une occasion de s'enrichir : « Minui autem « eis dotem nullo sinimus modo : sufficit enim, quod « a lucris cadunt, si priora antenuptiali donatione « inveniantur, et sufficiens exstet eis ex hoc damnum « non etiam eas volumus et circa ipsam dotem peri-« culum sustinere. » (Nov. 97.)

En résumé, la femme n'avait ni privilége ni hypothèque pour recouvrer une donation *ante nuptias* ou *propter nuptias*.

Il en était de même, à plus forte raison, des autres donations entre époux. Lorsque le mari était mort sans avoir révoqué une donation qu'il avait faite à sa femme pendant le mariage, la femme donataire concourait au marc le franc avec les autres créanciers de la succession.

Il nous reste à étudier les garanties accordées à la femme, pour lui assurer la restitution des créances paraphernales, qu'elle peut avoir confiées à l'administration du mari.

Justinien, dans la loi 11 au Code, *De pactis*, établit la distinction suivante. Ou bien, dans l'instrument dotal, la femme a stipulé une hypothèque de son mari à raison des créances paraphernales, et alors il suffit que les conventions matrimoniales soient exécutées ; ou bien les parties ont gardé le silence sur ce point, et alors la femme aura hypothèque tacite sur les biens du mari, à la date du jour où les créances auront été recouvrées.

Cette disposition est remarquable en ce sens qu'elle organise pour un cas particulier, ce système d'hypothèques légales échelonnées qui a été généralisé par le Code Napoléon.

Nous savons maintenant sur quels biens et à raison de quelles créances la femme pouvait exercer son privilége ; il nous reste à nous demander si dans aucun cas elle n'avait à redouter le concours d'autres créanciers privilégiés.

Mais avant d'aborder les difficultés relatives au classement des priviléges en droit romain, il ne serait peut-être pas inutile de rappeler la controverse qui s'est élevée à propos des créanciers hypothécaires antérieurs au mariage. Donneau et Favre ont essayé de soustraire cette classe de créanciers aux conséquences injustes de la loi *Assiduis*, et ils n'ont pas épargné les subtilités pour fausser l'esprit et violer le texte de cette constitution.

D'après ces auteurs, il faudrait entendre les mots *licet temporis privilegio vallati* comme s'appliquant exclusivement aux droits de préférence conférés par la loi elle-même et non par la volonté des parties De même, disent-ils, que dans l'ancien droit, la femme n'avait de privilége qu'à l'encontre des créanciers dont l'action personnelle était garantie par un droit de préférence tiré de la loi, de même, après les innovations de Justinien, la femme ne pouvait primer que les créanciers hypothécaires qui avaient reçu de la loi un privilége spécial. On comprend que le législateur enlève ce qu'il a donné, on ne comprend pas qu'il vienne détruire des droits acquis et briser des contrats librement formés entre les citoyens. D'ailleurs, le débiteur qui avant de se marier avait consenti une hypothèque avait amoindri son patrimoine et ne pouvait transmettre à sa femme et à ses créanciers postérieurs plus de droits qu'il n'en avait conservé. L'hypothèque et le droit de préférence qu'elle confère naissent de la convention. Le premier créancier hypothécaire avait acquis par une convention un droit évidemment préférable au droit de son débiteur; or tous les créanciers postérieurs sont les ayants cause de ce dernier, et se trouvent, par l'effet même des conventions qu'ils ont passées avec lui, obligés de respecter les hypothèques antérieures que leur auteur était tenu de subir.

Ces subtilités ne sauraient prévaloir contre l'esprit et le texte de la loi *Assiduis*. Justinien répète à satiété qu'il veut sauvegarder la dot et, en assurer la restitution; protecteur déclaré de la femme, il épuise sur elle les faveurs de la toute-puissance législative. A l'époque classique, la femme arrivait au premier rang des créanciers chirographaires; Justinien lui accorde tout d'abord une hypothèque tacite remontant au jour du mariage; mais à peine a-t-il conféré cette garantie qu'il la trouve insuffisante, et qu'il ajoute un privilége à l'hypothèque légale, de manière à élever la femme au-dessus de tous les créanciers hypothécaires. Qu'a donc voulu le législateur en édictant la constitution *Assiduis*, sinon affranchir l'hypothèque légale de la règle : *Potior tempore, potior jure.*

Justinien veut précisément que la dot ne puisse être entamée par les créanciers antérieurs au mariage. Cette préoccupation se retrouve à chaque ligne de la loi *Assiduis* : «Assiduis aditionibus mulierum « inquietati sumus, per quas suas dotes deper- « ditas esse lugebant, et ab *anterioribus creditoribus* « substantias maritorum detentas. » Nulle part il n'est fait de distinction entre les créanciers chirographaires et les créanciers hypothécaires; bien plus, ce sont les derniers que Justinien semble avoir eus surtout en vue, car ils sont bien plus à redouter que les autres.

Pour en finir avec le concours de la femme et des créanciers non privilégiés, nous remarquerons qu'il ne s'est jamais élevé de controverse sur le point de savoir si l'hypothèque de la femme devait primer les hypothèques tacites conférées par la loi. Les partisans du système que nous venons de combattre reconnaissent que la femme créancière de sa dot devra être colloquée avant le mineur dont le mari aurait géré la tutelle; telle est notamment, l'opinion de Donneau.

En définitive, il ne peut s'élever de difficultés sérieuses que dans le cas où la femme se trouve en présence d'un créancier privilégié du mari. Le classement des priviléges en droit romain, est hérissé de complications. Nous n'avons que peu de textes sur cette matière. Du temps des jurisconsultes, le préteur réglait souverainement toutes les questions d'ordre, et il est probable que plus tard, aucune constitution impériale n'est venue combler sur ce point, les lacunes de la législation. Quelques documents épars nous permettent de supposer que les créanciers n'arrivaient pas à la contribution en gardant chacun le rang qui lui aurait été préalablement assigné par la loi, il s'engageait entre eux une série de querelles de préséance, ou plutôt de duels judiciaires, dans lesquels chacun des vainqueurs devait lutter individuellement contre tous ses rivaux.

Il pouvait très-bien arriver que Primus après avoir triomphé de Secundus, fût battu par Tertius, qui cependant avait déjà succombé devant les prétentions de Secundus. De là naissaient des difficultés infinies et d'inextricables complications; aussi la plus grande latitude devait elle être laissée au juge pour trancher souverainement les conflits qui pouvaient s'élever dans chaque procès de cette nature.

Sans aborder la tâche impossible de refaire de toutes pièces un classement qui peut-être n'a jamais existé, nous compléterons ce chapitre en étudiant le concours de la femme avec les principaux créanciers privilégiés.

Deux conflits possibles sont prévus et tranchés par les Constitutions de Justinien.

La loi 12 C. *Qui potiores in pignore*, suppose que le mari est mort, laissant une veuve, et des enfants d'un premier lit encore créanciers de la dot de leur mère. Ces derniers devront en pareil cas, être colloqués avant la femme survivante. Les deux dots que la succession doit rendre peuvent invoquer le même privilége, c'est la plus ancienne en date qui doit l'emporter. « Duobus enim dotibus ab eadem substantia « debitis , ex tempore prærogativam manere « volumus. » (L. 12 C. *Qui pot.*, § 1, *in fine.*)

Autant la décision que nous venons de citer est sage et juridique, autant celle qui est donnée par la novelle XCVII est déraisonnable et contraire aux principes les plus élémentaires du droit. Justinien suppose un conflit entre la femme et le constructeur ou réparateur d'une maison ou d'un navire appartenant au mari. Après avoir rappelé qu'en principe, celui qui a mis ou conservé une chose dans le patrimoine du débiteur jouit d'un droit de préférence opposable à tous les autres créanciers, fussent-ils antérieurs en date, le législateur déroge à cette règle en faveur de la femme venant répéter sa dot. La raison qu'il en donne est des plus étranges. Les courtisanes, dit-il, trouvent dans leurs désordres, les moyens de vivre largement et même de faire fortune ; les épouses honnêtes sont au contraire le plus souvent ruinées par les prodigalités de leur mari. C'est déjà bien assez qu'elles soient exposées à perdre leurs gains anténuptiaux, il faut leur assurer, envers et contre tous, leur dot et leur augment de dot. « Videbamus enim « (quæ causæ absurditas est) quia aliquis quidem

« fornicantibus mulieribus, ex proprio corpore ad-
« venit quæstus, et vivunt ex hoc quæstu ; adversan-
« tibus autem et quæ semetipsas atque substantiam
« ad virum ducunt, non solum nullus sit quæstus a
« viris male degentibus, sed etiam minuantur, et
« spes eis nulla sit..... sufficit enim quod a lucris
« cadunt, si priora autenuptiali donatione inveniantur
« et sufficiens quoddam extet eis ex hoc damnum :
« non etiam eas volumus et circa ipsam dotem peri-
« culum sustinere. » (Nov. XCVII, cap. III.)

Excellente raison à opposer à celui qui, au prix de
ses deniers et de ses peines, a construit la maison du
mari ou réparé son navire. Cette novelle XCVII est
décidément un spécimen curieux de ces arguties
puériles si chères aux jurisconsultes byzantins.

Aucun texte formel ne tranche le conflit qui pouvait s'élever entre la femme survivante, et les créanciers répétant les frais funéraires occasionnés par la
sépulture du mari. Cependant, à l'époque classique la
question ne saurait être douteuse ; un assez grand
nombre de fragments insérés au Digeste attestent que
le privilége funéraire devait primer le privilége dotal.
Mœcianus nous dit dans la loi 45, *De religiosis* :
« Impensa funeris semper ex hereditate deducitur,
« quæ etiam omne creditum solet præcedere, cum
« bona solvendo non sint. » Et Paul, dans ses Sen-
tences, pose le principe suivant : « Quidquid in
« funus erogatur inter æs alienum primo loco dedu-
« citur. » (Lib. I, tit. 21, 615).

Mais en sera-t-il de même lorsque la femme au lieu
de n'avoir qu'un simple privilége personnel, exercera

une hypothèque tacite privilégiée ? La nature du droit de préférence accordée aux frais funéraires est difficile à déterminer. Au premier abord, la loi 14, § 1, *De religiosis*, paraît supposer qu'il existe en leur faveur une hypothèque tacite privilégiée. Mais il ne faut pas oublier que ce fragment d'Ulpien traite d'un cas tout spécial, et que la plupart des textes insérés au titre *De religiosis*, ne peuvent guère s'expliquer que par l'existence d'un privilège personnel accordé aux créanciers des frais funéraires. C'est à ce dernier parti que nous nous rallions, et nous sommes en conséquence amenés à reconnaître, sans toutefois nous défendre d'une certaine hésitation, que la femme exerçant son hypothèque dotale devait primer les créanciers répétant les frais funéraires.

Le concours de la femme avec le fisc a subi de nombreuses vicissitudes. Un rescrit d'Auguste avait décidé que le privilège de la femme primerait le privilège du fisc. Dans les siècles suivants, le fisc arrive au premier rang des créanciers : « Privilegium fisci est, inter omnes creditores primum locum tenere, » (Paul *Sent.*, *lib.* V, tit. 12, § 10). « Quod quis navis fabrican- « dæ, vel emendæ, vel armandæ, vel instruendæ causa, « vel quoquo modo crediderit, vel ob navem venditam « petat, habet privilegium post fiscum. » (Marcianus, L. 34 D. *De reb. auct. judic. possid.*). Mais le premier de ces textes est conçu en termes très-généraux, et ne s'explique pas sur la nature des prérogatives attribuées au fisc; le second paraît tout spécial aux constructeurs de navires. La question de savoir si la femme devait primer le fisc reste donc entière, et il est permis de conclure de la loi 9 C. « *De jure dot.*, que le *privilegium dotis* resta préférable au *privilegium reipublicæ* « Dotis tuæ potiorem causam magis « esse convenit quam reipublicæ, cui [postea] idem « maritus obnexius factus est. »

Jusqu'à présent nous n'avons eu que deux privilèges personnels en présence, celui du fisc d'une part, celui de la femme de l'autre; mais peu à peu les agents du trésor prennent l'habitude de stipuler une hypothèque pour toutes ses créances contractuelles ; cette clause devient bientôt de style, et est enfin consacrée par la loi. Sous Septime-Sévère et Caracalla, nous trouvons une véritable hypothèque tacite destinée à garantir toutes les créances contractuelles du fisc. « Fiscus semper habet jus pignoris. » (L. 66, § 3 D. *De jure fisci*, 49, 14.)

A l'époque dont nous nous occupons, la femme ne peut encore se prévaloir que de son privilége personnel ou de l'hypothèque conventionnelle qu'elle a stipulée de son mari dans l'instrument dotal. Si elle n'a d'autre ressource que son privilége personnel, elle ne peut pas primer des créanciers hypothécaires ; or nous savons que le fisc est de ce nombre. L'hypothèque du fisc était même d'autant plus dangereuse qu'elle s'étendait sur les biens dotaux. Cependant la loi 4 C., *In quib. caus. pign.*, venait tempérer la rigueur de cette règle en ouvrant en faveur de la femme une sorte de bénéfice de discussion. Le patrimoine de la femme n'était attaqué par l'hypothèque du fisc que dans le cas où tous les biens du mari et tous les biens des personnes qui l'avaient fait nommer à son emploi de comptable ne suffisaient pas à payer le reliquat.

Si, au contraire, la femme a stipulé de son mari une hypothèque conventionnelle, pour garantie de sa dot, le fisc ne peut pas lui en enlever le bénéfice. Une hypothèque expresse se trouve en conflit avec une hypothèque tacite, c'est la plus ancienne en date qui doit l'emporter. La règle *potior tempore potior jure* reprend tout son empire. C'est ce qui résulte de la loi 2 au Code *De privilegio fisci :* « Quamvis ex
« causa dotis vir quondam tuus tibi sit condemnatus,
« tamen si priusquam res ejus tibi obligarentur cum
« fisco contraxit, jus fisci causam tuam prævenit. Quod
« si post bonorum ejus obligationem rationibus meis
« cœpit esse obligatus, in ejus bona cessat privile-
« gium fisci. »

C'est avec juste raison qu'à propos de cette loi Gothofredus formule dans sa glose le principe suivant : « Inter mulierem et fiscum servatur ordo
« temporis. »

Il ne nous reste plus qu'à nous demander si cette règle a été modifiée par la loi *Assiduis*. Nous ne le pensons pas, car une constitution destinée à garantir des intérêts privés ne pouvait pas porter atteinte à une législation toute spéciale, et destinée à régir une matière d'ordre public.

Lorsqu'une femme épousait par erreur un esclave qu'elle croyait libre, elle pouvait invoquer, du temps des jurisconsultes, son privilége personnel pour se faire restituer sa dot. Ce privilége, qui de sa nature était propre à l'action *rei uxoriæ*, venait exceptionnel-lement s'adapter à l'action *de peculio*. Il est hors de

doute que la femme primait ainsi tous les créanciers
du pécule, autres que le maître. Mais dans le cas où
elle était en concours avec le maître, elle était en principe, primée par ce dernier. (L. 52, *De peculio.*) Nous
disons en principe, parce que dans le cas où les objets
apportés en dot existaient encore en nature, la femme
avait le droit de les reprendre. Elle pouvait même se
faire donner les choses *ex dote comparatæ*, qui par
une subrogation réelle étaient mises au lieu et place
des valeurs dotales. (L. 22 § 13. D. *Sol. mat.*)

§ III. — *Personnes qui peuvent profiter des priviléges
attachés à la restitution de la dot.* — A l'époque classique, le privilége de l'action *rei uxoriæ* était exclusivement attaché à la personne de la femme. Cependant
il nous parait difficile de ne pas faire fléchir ce principe dans le cas où le père réclame la dot avec le
concours de sa fille en puissance, *adjuncta filiæ persona.* S'il est vrai de dire, qu'en pareil cas, l'action
appartient toujours au père, il faut néanmoins reconnaître que le législateur veut avant tout sauvegarder
les intérêts de la fille et lui assurer les moyens de
contracter un nouveau mariage. Les lois 22 §§ 4, 10 et
11, Dig. *Sol. matr.* et 8 pr. Dig. *De procur.* ne peuvent
nous laisser aucun doute à cet égard. Il résulte de
ces textes, que la fille pourra agir en son propre nom
lorsque le père sera empêché par son absence, ou
son état de démence. La loi 8 *de procur.* va jusqu'à
dire qu'il en sera de même lorsque la conduite désor-
donnée du père inspirera des craintes sérieuses sur
la conservation de la dot : « Sed puto si forte pater
« absens sit, vel suspectæ vitæ (quo casu solet filiæ

« competere de dote actio), posse eam procuratorem
« dare.

En définitive, le tempérament que nous venons
d'introduire en faveur du père n'est pas à proprement
parler une dérogation au principe général qui domine
la matière ; le privilége attaché à la dot est personnel
à la femme et ne passe pas à ses héritiers avec l'action
rei uxoriæ.

Il ne peut s'élever de difficultés que dans l'hypothèse suivante. La femme pourra-t-elle profiter de
son privilége si le mariage qu'elle a contracté a
été déclaré nul, ou si le mariage projeté n'a pas été
célébré ?

Ulpien nous apprend dans la loi **3** *De jure dotium*,
que l'idée de dot est inséparable de l'idée de mariage :
« Dotis appellatio non refertur ad ea matrimonia
« quæ consistere non possunt ; neque enim dos sine
« matrimonio esse potest. Ubicumque igitur matri-
« monii nomen non est, nec dos est. »

Le texte est formel, pas de mariage, pas de dot,
pas d'action *rei uxoriæ*. Faute d'action dotale, la fiancée et l'épouse putative ne resteront pas cependant
désarmées, la première pourra agir par *condictio sine
causa*, la seconde par *condictio re non secuta*. Si, en
effet, il ne leur est pas permis de répéter une dot qui
n'a pas d'existence légale, elles peuvent à coup sûr
redemander ce qu'elles ont donné pour un but qui
n'a pas été atteint ; elles ont le droit de se faire restituer un apport qu'elles ont fait en vue de charges
que personne n'aura à supporter. Mais sera-t-il possible d'attacher à une *condictio* de droit commun un

privilége qui de sa nature était propre à l'*actio rei uxoriæ?* Les jurisconsultes Paul et Ulpien se sont décidés en faveur de l'affirmative dans les lois 17, 18 et 19 au Digeste *De rebus auctoritate judicis.*

« Si sponsa dedit dotem, et nuptiis renunciatum
« est, tametsi ipsa dotem condicit, tamen æquum est
« hanc ad privilegium admitti, licet nullum matri-
« monium contractum est. Idem puto dicendum,
« etiam si minor duodecim annis in domum quasi
« uxor deducta sit, licet nundum uxor sit. » (Ulp.
lib. LXIII, *ad edictum.*)

« Interest enim reipublicæ et hanc solidum conse-
« qui, ut ætate permittente nubere possit. » (Paulus
lit. 60, *ad edictum.*)

« Dabimus ex his causis, ipsi mulieri privile-
« gium. » (Ulp. lib. LXIII *ad edictum.*)

La solution proposée par Paul et par Ulpien n'a rien qui doive nous surprendre, car elle est conforme à l'équité, et reflète l'esprit qui dominait dans l'ancienne législation romaine.

L'État manque de citoyens, il faut lui en donner à tout prix ; le meilleur moyen d'atteindre ce but consiste à multiplier les mariages. Or, comme à Rome une femme sans dot trouvait difficilement un époux, l'ordre public était intéressé à ce que l'apport matrimonial fut étroitement sauvegardé par les lois. Peu importe que le mariage ait été valable ou nul, la femme est redevenue libre, il faut qu'elle se remarie bien vite, et que par conséquent elle retrouve sa dot. La raison de décider est toujours la même : *Reipublicæ interest.*

Au premier abord, on serait tenté de croire que dans le droit de Justinien, la fiancée et l'épouse putative devaient jouir des priviléges attachés à la restitution de la dot. Pourquoi établir une distinction entre un mariage valable et un mariage nul célébré de bonne foi? pourquoi n'accorder qu'une action de droit commun à une fiancée qui a fait un apport peut être considérable, en vue d'une union qui n'a pas été contractée? Dans l'un et l'autre cas, la femme n'est-elle pas digne de l'intérêt du législateur, et doit-elle être laissée sans protection lorsqu'elle réclame la partie la plus importante de son patrimoine ? Ces raisons de décider ont leur valeur sans doute, mais il est cependant difficile de les admettre. Ulpien dans les textes que nous avons cités plus haut parle de ce privilége personnel que les jurisconsultes romains avaient introduit en faveur de la femme, dans le but de multiplier et de faciliter les mariages. Chez eux la raison d'État domine toutes les autres considérations, et l'on comprend qu'ils aient fait fléchir les règles ordinaires du droit pour armer une *condictio sine causa* d'un privilége qui par sa nature était propre à l'action *rei uxoriæ*.

Sous Justinien, au contraire, l'esprit de la législation a complétement changé. Depuis Constantin, l'influence chrétienne s'est fait sentir; le célibat est peu à peu redevenu en honneur, les lois caducaires ont été abrogées, une certaine réprobation s'est attachée aux secondes noces. Si Justinien accorde toutes sortes de garanties à la femme ce n'est pas afin qu'elle se remarie. Il la protége parceque ses biens se trouvent confondus avec les biens de son mari, et qu'elle se trouve placée dans un état de dépendance. Il justifie les faveurs qu'il lui accorde, par les soucis de la famille, les douleurs et les dangers de la maternité. Il n'entend pas faire de la dot un moyen de convoler à de nouvelles unions, il la considère, au contraire, comme une ressource suprême qui doit être assurée à la femme et aux enfants nés du mariage. La fiancée et l'épouse putative ne peuvent invoquer aucune des raisons qui ont décidé Justinien ; l'esprit de la loi ne justifie plus l'extension d'un privilége que les anciens jurisconsultes accordaient avec tant de facilité. D'ailleurs, il y a loin de l'ancien privilége personnel, aux droits hypothécaires de la loi *Assiduis*. Les prérogatives accordées par Justinien sont tellement exorbitantes, qu'il paraît bien difficile de les opposer aux tiers en dehors des cas expressément prévus par la loi.

En définitive, dans le droit de Justinien, les priviléges attachés à la dot étaient de droit strict et ne pouvaient être invoqués que par les personnes formellement désignées par le législateur. Il nous reste à nous demander quelles étaient ces personnes.

Nous savons déjà, qu'à l'époque classique, les héritiers de la femme, fussent-ils ses enfants, ne jouissaient jamais du privilége de dot, bien que dans certains cas, ils pussent intenter l'action *rei uxoriæ*. Justinien a dérogé à cette règle rigoureuse eu faveur des enfants nés du mariage et il leur a donné le droit de se faire restituer la dot de leur mère en invoquant tous les priviléges dont elle aurait pu profiter elle-même. C'est ce qui résulte de loi *Assiduis*, qui après avoir décidé que la femme primera tous les créanciers du mari, introduit une exception en faveur des enfants d'un précédent mariage : « Exceptis vi- « delicet contra novercas anterioris matrimonii filiis, « quibus pro dote matris suæ jam quidem dedimus « hypothecam contra paternas res, vel ejus credi- « tores : in præsenti autem similem prærogativam « servamus, ne jus quod posteriori datum est uxori, « hoc anteriori denegetur : sed sic maneat eis jus « incorruptum, quasi adhuc vivente matre eorum. » En résumé, les enfants ne doivent pas souffrir du prédécès de leur mère et jouissent du plein exercice des priviléges dotaux.

Mais ces bénéfices restent personnels aux enfants comme ils étaient personnels à la mère ; le père et le constituant étranger, ne pourront pas évidemment les invoquer dans le cas où un droit de retour s'ouvrira en leur faveur. Quelle ressource leur restera-t-il donc pour se faire rendre la dot ?

Nous n'avons pas à nous occuper du cas où le droit de retour a été expressément stipulé au moment du contrat ; il est évident qu'en pareil cas, le pacte matrimonial sera la loi des parties.

S'il n'a été rien convenu sur ce point, le père pourra réclamer la dot profectice au moyen de l'action personnelle que la loi un. au Code *De rei uxoriæ*, ouvre en sa faveur. Quant au constituant étranger, Justinien lui accorde les mêmes droits,

mais il croit devoir employer un moyen détourné pour lui permettre d'agir. Il sous-entend une stipulation intervenue entre les deux époux, stipulation dans laquelle le mari se serait engagé envers la femme à rendre la dot au constituant étranger :
« Accedit ei et alia species ab rei uxoriæ ac-
« tione , si quando etenim extraneus dotem
« dabat, nulla stipulatione vel pacto pro restitu-
« tione ejus in suam personam facto, quisquis is
« fuerat, mulier habebat rei uxoriæ actionem; quód
« antea in ex stipulatu actione non erat. Stipu-
« latione autem vel pacto interposito, stipulator
« vel is qui paciscebatur, habebat vel ex stipulatu
« vel præscriptis verbis civilem actionem. In præ-
« senti autem non sic esse volumus, sed si non
« specialiter extraneus dotem dando in suam per-
« sonam dotem stipulatus sit, vel pactum fecerit;
« tunc præsumatur mulierem ipsam stipulationem
« fecisse, ut ei dos ex hujusmodi casu accedat. »
(Loi un. C. *De rei ux. act.*, § 13.)

Ainsi donc le père et le constituant étranger seront admis à réclamer dans certains cas la dot qu'ils auront donnée, et il est bien hors de doute qu'ils ne pourront pas invoquer les priviléges personnels à la femme. Mais leur refuserons-nous l'hypothèque tacite de la loi un C. *De rei uxoriæ actione?* Il ne faut pas oublier qu'à l'époque où cette constitution a été rendue, la femme jouissait encore de l'ancien *privilegium inter personales actiones*, et que la prérogative nouvelle qui lui était accordée ne faisait pas double emploi avec le droit restreint de préférence qui remontait à l'époque classique. Il résulte des termes mêmes de la loi unique *De rei uxoriæ*, que Justinien a surtout voulu donner une sanction législative à des clauses généralement répandues dans la pratique. L'action nouvelle qu'il organise n'est, à peu de chose près, que l'ancienne action *ex stipulatu*: or il nous parait hors de doute, qu'avant la loi dont nous nous occupons, le père, le constituant étranger, même les héritiers de la femme, tout en étant privés du privilége personnel, pouvaient se prévaloir des hypothèques stipulées du mari, pour garantir la restitution de la dot. Pourquoi en serait-il autrement, lorsque l'hypothèque conventionnelle a été transformée en une hypothèque tacite ? Remarquons la manière dont Justinien procède dans la loi unique *De rei uxoriæ*: partout il sous-entend des stipulations usitées dans la pratique. Il suppose une constitution d'hypothèque de la part de celui qui promet la dot, et de la part de celui qui la reçoit; il suppose un droit de retour stipulé par la femme au profit du constituant étranger; en un mot, partout nous rencontrons des clauses sous-entendues, partout nous retrouvons chez le législateur le désir de venir en aide à l'ignorance des parties et de leur fournir un modèle d'instrument dotal. Or, il nous parait impossible de ne pas reconnaitre à des conventions tacites, qui n'étaient pas obligatoires, la même portée qu'à des conventions expresses. Nous ne considérerons pas l'hypothèque de la loi unique *De rei uxoriæ* comme un privilége personnel à la femme et nous l'étendrons à tous ceux qui auront qualité pour réclamer la dot.

En résumé, le privilége personnel de l'époque classique et les priviléges hypothécaires des lois 30 C. *De jure dotium* et 12 C. *Qui potiores in pignore* nous paraissent les seuls qui doivent rester exclusivement attachés à la personne de la femme, car ils ne pouvaient pas être créés par la volonté des parties, et ne pouvaient émaner que de la toute-puissance du législateur. Nous croyons même que le caractère de ces prérogatives était à tel point personnel que la femme ne pouvait dans aucun cas, les céder à un tiers. Ainsi le *procurator in rem suam* cessionnaire des créances dotales n'était pas investi de tous les droits ce la cédante. En effet, à l'époque classique le *procurator in rem suam* ne pouvait pas invoquer la raison d'ordre public qui sauvegardait la dot de la femme afin qu'elle pût se remarier, pas plus que sous Justinien il ne pouvait se prévaloir de ces mesures de protection que la pitié du législateur accordait à un être faible. Dans l'un et l'autre cas, la femme est désintéressée et ne doit profiter en rien des sommes obtenues par le *procurator ;* le mari n'est plus en présence d'une créancière privilégiée qui réclame la portion la plus importante de son patrimoine, il se trouve en face d'un spéculateur qui doit courir les risques de l'opération qu'il a entreprise. Ajoutons qu'il est contraire à l'esprit de la loi que la femme se dépouille de ses reprises dotales; il faut qu'elle recouvre la totalité des biens qui doivent lui revenir; s'il lui était permis d'investir un cessionnaire de tous ses priviléges, elle pourrait céder à l'appât d'une réalisation immédiate et trafiquer à vil prix, des droits que le législateur a voulu à lui conserver.

CHAPITRE IV

De la renonciation de la femme à ses droits hypothécaires

Il est hors de doute qu'à l'époque des jurisconsultes, la femme ne pouvait pas renoncer à son *privilegium inter personales actiones* ; ce privilège était d'ordre public, une convention privée ne pouvait y déroger. « Privata conventio juri publico nihil derogat. (Paul *sent.* liv., I, tit, I, § 6.)

La règle précédente s'appliquait dans toute sa rigueur pendant que le mariage durait encore, mais une fois le mariage dissous, il était permis à la femme, de renoncer à son privilège personnel. Il suffisait qu'elle fît une novation avec le mari ou avec un tiers pour qu'elle perdît le privilège attaché à l'*actio rei uxoriæ*. Un texte de Paul ne nous laisse pas le moindre doute sur l'effet extinctif d'une pareille novation : « Perit « privilegium dotis et tutelæ, si post divortium dotis « in stipulationem deducatur, vel post pubertatem tu- « telæ actio novetur, si id specialiter actum est, quod « nemo dixit, lite contestata. » (Dig., L. XXIX., *De novationibus*, 46, 2.)

Ainsi Paul nous apprend que, de l'aveu de tous, la femme ne sera pas déchue de son privilège pour avoir obtenu une action contre le mari débiteur de la dot, mais qu'il en sera tout autrement, dans le cas où elle aura fait novation de sa créance au moyen d'une stipulation.

Un autre texte emprunté à Julien nous fournit un exemple de pactes entre époux, qui seraient nuls s'ils avaient été consentis pendant le mariage, et qui néanmoins sont valables lorsqu'ils interviennent après le divorce. « Licet, manente matrimonio, non possit inter
« virum et uxorem convenire, ut longiore die
« dos reddatur, post divortium tamen, si justa causa
« conventionis fuerit, custodiri id pactum debet. »
(L. 18 Dig. 23, 4).

Le mari pourra donc après le divorce stipuler qu'il ne rendra pas la dot après les délais fixés par la loi, ce qu'il ne pourrait faire si le mariage durait encore.

Pour en revenir au privilége personnel de la femme, nous nous en tiendrons à la distinction suivante : la renonciation est-elle intervenue pendant le mariage, elle est nulle ; est-elle postérieure à la dissolution, alors elle est valable.

A côté des bénéfices accordés par la loi pouvaient se placer certaines sûretés stipulées par la femme elle-même. Du temps des jurisconsultes, il arrivait fréquemment que la restitution de la dot fût garantie par une hypothèque conventionnelle, consentie pra le mari. La femme pouvait-elle renoncer à cette hypothèque pendant que le mariage durait encore ? Nous ne retrouvons plus ici ces raisons d'ordre public que nous avons invoquées tout à l'heure à propos du privilége personnel. En renonçant à son hypothèque, la femme n'abdique pas un bénéfice légal, elle revient au droit commun ; elle détruit par une convention ce qu'une convention lui a donné.

Mais s'il était établi que le principe d'ordre public qui avait fait introduire en faveur de la femme un privilége personnel n'invalidât pas la renonciation à l'hypothèque conventionnelle, des doutes très-sérieux pouvaient s'élever sur la question de savoir si un pacte de ce genre ne tombait pas sous le coup du sénatus-consulte Velléien.

Vers les derniers temps de la république, la *manus* du mari était tombée en désuétude, la tutelle des agnats s'était énervée, et la femme affranchie de toute incapacité pouvait disposer librement de son patrimoine.

Cette liberté n'était pas sans dangers pour elle ; il lui arrivait fréquemment de succomber à des suggestions ruineuses et de contracter, sans y avoir d'autre intérêt que celui de rendre service à autrui, des obligations imprudentes dont elle ne savait ni mesurer la portée, ni prévoir les conséquences. De graves abus ne tardèrent pas à se produire, et comme d'ordinaire le cautionnement de la femme intervenait au profit du mari, Auguste prohiba toute obligation de ce genre. « Et primo quidem temporibus divi Augusti, post « Claudii, edictis eorum erat interdictum, ne feminæ « pro viris suis intercederent. » En l'an 799 de Rome, cette disposition fut généralisée, et le sénatus-consulte Velléien défendit aux femmes d'*intercedere*, c'est-à-dire de s'obliger personnellement ou d'obliger leurs biens dans l'intérêt d'autrui. Toutes les fois que la femme s'engagera pour son compte, elle conservera sa capacité pleine et entière, mais le législateur ne veut pas qu'elle se mêle des affaires d'un autre pour y prendre le rôle de débitrice, alors qu'elle ne devra retirer aucun profit de son obligation. Le sénatus-consulte prémunit la femme contre les illusions qu'elle pourrait se faire sur la solvabilité du tiers auquel elle voudrait rendre service ; il lui interdit des actes qui n'apportent pas avec eux leur leçon.

Après avoir posé ces principes, il nous reste à nous demander si la renonciation de la femme à son hypothèque sur les biens du mari constitue une *intercessio* prohibée par le sénatus-consulte. Ulpien nous dit expressément dans la loi 8 au Digeste *Ad sen. Vellei*, qu'il n'y a pas *intercessio* dans le cas où la femme fait remise du gage qui lui a été affecté. « Quamvis « pignoris datio intercessionem faciat, tamen Julia- « nus, lib. XII *Digestorum* scribit, redditionem « pignoris, si creditrix mulier rem, quam pignori « acceperat, debitori liberaverit, non esse interces- « sionem. » Ainsi la constitution d'hypothèque est une *intercessio*, personne n'en doute ; mais la remise de l'hypothèque n'est pas une *intercessio*. Cette différence entre deux actes qui présentent une assez grande analogie est facile à expliquer. En consti- tuant une hypothèque sur son propre bien pour garantir la dette d'autrui, la femme oblige sa chose et peut se faire illusion sur la solvabilité du débiteur principal. Elle peut croire que celui-ci payera, et que le bien engagé redeviendra libre. Au contraire, en renonçant à son hypothèque sur le bien d'autrui, la femme ne s'oblige pas, c'est incontestable ; elle aliène

définitivement un droit qui faisait partie de son patrimoine, et elle sait fort bien que, quoi qu'il arrive, son
hypothèque ne lui sera jamais rendue. Ainsi dans la
remise de gage, pas d'obligation, pas d'éventualité, et
par conséquent, pas d'*intercessio*.

Ulpien prévoit expressément le cas où la femme
achète de son mari le bien que celui-ci lui avait hypothéqué pour sûreté de la dot; il décide que le gage de
la femme s'évanouira par confusion, à moins que la
vente ne soit frauduleuse et ne cache une donation
entre époux : « Si uxor a marito suo prædia quæ ob
« dotem pignori acceperat emerit, eaque emptio do-
« nationis causa facta dicatur, nullius esse momenti ;
« pignoris tamen obligationem durare, Imperator
« noster cum patre suo rescripsit : cujus rescripti
« verba ideo retuli, ut appareat venditionem inter
« virum et uxorem bona fide gestam non retractari.
« Si tibi maritus pignora propter dotem et pecuniam
« creditam data, non donationis causâ, vendidit, quod
« bona fide gestum est manebit ratum ; at si titulus
« donationis quæsitus ostenditur, atque ideo ven-
« ditionem irritam esse constabit, jure publico cau-
« sam pignorum integram obtinebis. » (L. 7, § 6 *De
donat. inter vir et ux.* Dig. 24, 2.)

Il résulte clairement de ce texte, que la femme pouvait, pendant le mariage, se dépouiller des garanties
hypothécaires qui lui avaient été données pour sûreté
de sa dot. D'un autre côté, Papinien nous apprend
que la remise de l'hypothèque ne constituait pas une
donation entre époux défendue par la loi. « Et si pi-
« gnus vir uxori vel uxor viro remiserit, verior

« sentencia est, nullam fieri donationem existiman-
« tium. » (L. 18 Dig. *Quæ in fraud. cred.* 42, 8).

Aux textes que nous venons de signaler nous pourrions ajouter un certain nombre de constitutions
impériales. Philippe dit en termes formels: « Etiam,
« constante matrimonio, jus hypothecarum seu pi-
« gnorum, marito remitti posse explorati juris est. »
(L. 11 C. *Ad senat. Vellei.* 4, 29.)

Enfin Anastase met ce point de droit à l'abri de
toute controverse dans la loi 21. *Ad senat. Vellei.* célèbre sous le nom de loi *Jubemus.*

« Jubemus licere mulieribus, et pro uno contractu,
« vel certis contractibus, seu pro una vel certis per-
« sonis, seu rebus, juri hypothecarum sibi competenti,
« per consensum proprium renunciare ; quodque ita
« gestum sit hac auctoritate nostra firmum illibatum-
« que custodiri; ita tamen ut si generaliter tali re-
« nunciatione pro uno, ut dictum est, contractu seu
« certis contractibus, vel ad unam vel ad certas res,
« seu personas consensum proprium accommodantes
« usæ sunt vel fuerint : eadem renunciatio ad illos
« contractus, et illas res seu personas, quibus con-
« sensum proprium accommodaverunt, vel accom-
« modaverint coarctetur, nec aliis quibusdam con-
« tractibus, quibus minimè mulieres consenserunt,
« vel consenserint prætendentibus eam, opponendi li-
« centia præbeatur. His scilicet omnibus, quæ in
« præsenti per hanc consultissimam legem statui-
« mus ad præteritos nihilominus contractus, pro ne-
« gotiis et controversiis, necdum transactionibus vel
« definitivis sententiis seu alio legitimo modo sopitis

» locum habituris. (L. 21 C. *ad, Sen. Vellei*, 4, 29).

Ainsi plus de controverse possible après la constitution d'Anastase, non-seulement il reste établi en principe que la femme pourra se dépouiller des hypothèques qui garantissaient la dot; mais encore il résulte expressément des termes de la loi précédente que cette renonciation ne rentrera pas dans les actes d'*intercessio* défendus par le sénatus-consulte, lorsqu'elle interviendra au profit d'un tiers qui aura acheté le bien du mari ou pris une hypothèque sur le bien.

Il ne nous reste plus maintenant qu'à nous demander dans quelle mesure la constitution d'Anastase a été modifiée par les innovations de Justinen. A l'époque classique, la femme n'avait d'autre bénéfice légal que le privilége personnel qui lui permettait de primer les créanciers chirographaires. Si elle voulait acquérir des sûretés hypothécaires pour la restitution de la dot, elle devait les stipuler expressément, et l'on comprend qu'elle fût libre de renoncer par une convention, à des garanties spéciales qu'une autre convention lui avait données.

Sous Justinien, la question change de face; la femme a une hypothèque tacite privilégiée sur les choses apportées en dot, et sur tous les biens du mari: pourra-t-elle renoncer à l'hypothèque tacite que lui conférait de plein droit la législation nouvelle, comme elle pouvait renoncer à l'hypothèque conventionnelle qu'il lui était permis de stipuler sous la précédente législation? Justinien a tranché cette difficulté dans la loi unique au code *De rei uxoriæ*

actione. Voici comment il s'exprime : « Et cum lex
« Julia fundi dotalis Italici alienationem prohibebat
« fieri a marito, non consentiente muliere, hypothe-
« cam autem nec si mulier consentiebat : interro-
« gati sumus si oporteat hujusmodi sanctionem
« non super Italicis tantum modo fundis, sed pro
» omnibus locum habere ? Placet itaque nobis, eam-
» dem observationem, non tantum in Italicis fundis,
« sed etiam in provincialibus extendi. Cum autem
« hypothecam ei etiam ex hac lege donavimus, suf-
« ficiens habet remedium mulier, et si maritus fun-
« dum alienare voluerit. Sed ne et consensu mu-
« lieris hypothecæ ejus minuantur, necessarium est
« et in hac parte mulieribus subvenire, hoc tantum
« modo addito ut fundum dotalem non solum hy-
« pothecæ titulo dare nec consentiente muliere mari-
« tus possit, sed nec alienare, ne fragilitate naturæ
« suæ in repentinam deducatur inopiam. Licet enim
« Anastasiana lex de consentientibus mulieribus, vel
« suo juri renunciantibus, loquatur, tamen eam
« intelligi oportet in rebus mariti vel dotis quidem
« æstimatis in quibus dominium et periculum ma-
« riti est. In fundo autem non æstimato, qui et do-
« talis proprie nuncupatur, maneat jus intactum, ex
« lege Julia imperfectum, ex nostra autem auctoritate
« plenum, atque in omnibus terris effusum, non tan-
« tum Italicis, et sola hypotheca conclusum. »
(L. un. C. § 15 *de Rei ux. act.* V. 13.)

Justinien, dans le texte que nous venons de citer,
complète le système de garanties qu'il avait organisé
pour assurer la restitution de la dot. La loi Julia dé-

fendait aux époux d'hypothéquer le fonds dotal, mais elle leur permettait de l'aliéner. L'hypothèque tacite que Justinien venait d'accorder à la femme sur le fonds dotal, serait devenu illusoire si la femme avait pu y renoncer au profit d'un tiers acquéreur. Pour éviter tout danger de ce genre, Justinien décide qu'à l'avenir, le fonds dotal ne pourra être dans aucun cas aliéné ou hypothéqué même avec le consentement de la femme, et il défend en outre à celle-ci de renoncer à l'hypothèque tacite qu'elle a sur cette classe de biens. Mais la constitution d'Anastase n'est pas abrogée pour cela ; la femme pourra, comme par le passé, renoncer à son hypothèque sur les biens du mari, et sur les immeubles apportés en dot avec estimation.

Justinien ne s'explique pas sur la question de savoir si la femme pouvait renoncer à son hypothèque sur les meubles dotaux ; l'affirmative nous paraît évidente, car il serait impossible de comprendre comment la femme maîtresse de l'hypothèque privilégiée qu'elle avait sur les immeubles dotaux estimés, n'aurait pas été libre de renoncer à son hypothèque sur les objets mobiliers apportés en dot.

En résumé, dans le droit de Justinien, l'hypothèque de la femme sur le fonds à proprement parler dotal, *fundus proprié dotalis*, était seule frappée d'une indisponibilité absolue.

Il faut toutefois reconnaître que les anciens interprètes avaient apporté de nombreux tempéraments au principe que nous venons de poser.

D'après Bartole, la femme ne pouvait se dépouiller de son hypothèque qu'à la condition de ne pas se porter préjudice. Si à la dissolution du mariage il ne restait pas assez de biens au mari pour restituer intégralement la dot, la renonciation devenait nulle et de nul effet.

Le président Favre dit en termes formels : « Si post « eam pignoris remissionem, maritus lapsus sit facul- « tatibus, ita est de eo tempore quo de dotis restitu- « tione agitur satisfieri mulieri non possit, humanius « est, ut pignoris remissio ab initio inutilis fuisse in- « telligatur, utpote per quam deterior facta sit dotis « conditio adversus juris civilis regulas, quæ omnes « hujusmodi improbant pactiones, sed eas præcipue « quæ fiunt constante matrimonio, ne alio qui mu- « lieris inconsulta facilitas jacturam ei dotis inferat. » (L. IV, lit. xxi, *Def.* 13).

Les partisans du système que nous venons d'indiquer invoquaient un assez grand nombre de textes à l'appui de leur opinion. « Dotium causa semper et « ubique præcipua est. » — « Causa dotis pacto de- « terior fieri non potest. » — « Infirmitatem namque « muliebris naturæ satis novimus, et quia facile cir- « cumventiones fiunt adversus eas, minui autem eis « dotem nullo sinimus modo. » (Nov. 97, ch. iii), et bien d'autres fragments encore dans lesquels le législateur accuse nettement sa volonté de sauvegarder à tout prix la restitution de la dot. D'ailleurs, à l'époque classique, la femme ne pouvait pas renoncer à son privilége personnel ; comprendrait-on que Justinien, qui a tant fait pour protéger la dot, qui a rendu tant de lois pour assurer à la femme la restitution de son patrimoine, « ne et consensu mulieris hypothecæ

« ejus minuantur; » comprendrait-on que l'*Imperator uxorius* se fût mis en contradiction avec lui-même au point de supprimer la garantie d'ordre public qui existait dans l'ancien droit ?

Ces raisons assurément ne manquaient pas de gravité, et il faut bien reconnaître que le système généralement admis dans la pratique ancienne semblait concilier dans une juste mesure la protection due à la dot, avec le droit laissé à la femme de renoncer à son hypothèque tacite. Mais il ne faut pas oublier que la plupart des textes que nous venons de rappeler sont exprimés en des termes très-vagues, et indiquent plutôt les intentions du législateur qu'ils ne manifestent sa volonté. Ce sont, en résumé, des exposés de motifs et non des disposition impératives. Quelques formules générales ne suffisaient pas pour organiser un système aussi compliqué que celui qui subordonnait la validité des renonciations consenties par la femme, à la quotité des biens restés dans le patrimoine du mari, à l'époque où la dot devait être restituée Il aurait fallu un texte formel pour autoriser de pareilles conséquences. Nos anciens romanistes ne pouvaient appuyer leurs déductions sur aucune base solide; sous prétexte d'interpréter la loi, ils la refaisaient.

D'ailleurs, le système que nous combattons était loin de se justifier par les avantages qu'il pouvait offrir dans la pratique; entendue comme elle l'était par notre ancienne judisprudence, la renonciation de la femme n'était autre chose qu'un piége tendu à la bonne foi des tiers. Cette renonciation ne pouvait être utile que si le mari tombait dans de mauvaises affaires, or dans ce cas là précisément, elle ne produisait aucun effet.

Ajoutons que l'historique de la législation romaine
vient confirmer la solution que nous avons adoptée.
A l'époque classique, la femme pouvait renoncer
aux hypothèques conventionnelles qu'elle avait stipulées de son mari, pour garantir la restitution de sa
dot ; les lois 8, au Digeste, *Ad senat. Vellei*, et 7,
§ 6. *De donat. int. vir. et ux.*, confirmées par les lois
11 et 21 au Code. *Ad senat. Vellei*, ne peuvent nous
laisser aucun doute sur ce point. Plus tard Justinien,
en accordant à la femme une hypothèque tacite sur
les biens de son mari, entend donner à cette hypothèque les mêmes effets que si elle avait été constituée
par pacte matrimonial; il déclare même expressément que sa volonté est de transformer en une disposition législative une clause généralement admise
par la pratique « quasi omnibus dotalibus instrumen
» tis a prudentissimis viris scriptis. »(L. un. C., *De
rei ux act.)*

Lorsque dans la même constitution Justinien
décide que la loi d'Anastase n'est pas abrogée, au moins
en ce qui touche l'hypothèque de la femme sur les
biens du mari, il ne fait que déduire la conséquence du principe qu'il vient de poser. Sous
l'empire de la loi *Jubemus*, la femme pouvait renoncer
à son hypothèque conventionnelle ; pourquoi ne pourrait-elle pas renoncer à une hypothèque tacite que la
loi lui a donnée, en généralisant une clause de pacte
matrimonial devenue en quelque sorte de style?
Justinien se décide en faveur de l'affirmative, car

il n'a pas eu d'autre prétention que celle d'insérer lui-même dans l'instrument dotal, une disposition qui jusqu'alors résultait presque toujours de la convention des parties. Personne ne conteste, qu'avant la loi unique au Code *De rei uxoriæ actione*, la renonciation de la femme ne fût définitive et absolue ; pourquoi donc cette renonciation produirait-elle des effets différents lorsque le caractère même de l'hypothèque sur laquelle elle porte n'a été nullement modifié ?

On ne saurait tirer de la loi *Assiduis* aucune induction contre le système que nous venons d'établir. Cette loi attribue un privilége à l'hypothèque tacite de la femme sur les biens du mari, mais elle reste complétement étrangère à la matière des renonciations.

Cette constitution fait monter au premier rang l'hypothèque de la femme mais elle ne modifie en rien la capacité de cette dernière. Cette capacité reste régie comme par le passé par le sénatus-consulte Velléien, qui, nous le savons, ne défendait pas à la femme de renoncer à son hypothèque sur les biens du mari. La loi 22, *Ad senat. Vellei* et la novelle 61, sans avoir directement trait à la matière qui nous occupe peuvent néanmoins nous fournir quelques inductions. Il résulte du rapprochement des deux textes que nous venons de signaler, les conséquences suivantes : La femme peut renoncer au bénéfice du sénatus-consulte et consentir à la vente ou à l'hypothèque du fonds dotal, à la condition de ratifier après un délai de deux ans l'acte d'*intercessio* auquel elle aura pris part.

Cette ratification sera considérée comme nulle et non avenue, toutes les fois qu'à l'époque où la dot devra être restituée les biens restés dans le patrimoine du mari ne suffiront pas à désintéresser complétement la femme.

Ainsi la femme ne pourra renoncer au bénéfice du sénatus-consulte Velléien qu'à la condition de ne pas se porter préjudice, et elle ne devra jamais souffrir en quoi que ce soit, de l'hypothèque ou de l'aliénation à laquelle elle aura consenti.

Remarquons d'abord que dans la loi 22. *Ad senat, Vellei*, et dans la novelle 61, il s'agit du fonds dotal et du fonds compris dans la *donatio propter nuptias*, biens à raison desquels la femme était beaucoup plus étroitement protégée, qu'à raison de l'hypothèque qu'elle avait sur les biens de son mari.

Remarquons, en second lieu, que dans ces textes il s'agit du consentement donné par la femme à une constitution d'hypothèque ou à une aliénation, actes qui tombaient sous le coup du sénatus-consulte Velléien. Si donc Justinien se croit dans la nécessité d'édicter une législation spéciale pour les hypothèses qu'il prévoit, c'est qu'il veut accorder à la femme le droit de faire, dans certains cas, de véritables actes d'*intercessio*. Mais les conditions qu'il impose à la validité du consentement de la femme ne doivent pas être étendues en dehors des cas où il y aura aliénation ou hypothèque du fonds dotal.

Toutes les fois donc qu'il n'y aura pas à proprement parler *intercessio*, la loi *Jubemus* et le § 15 de la loi un. C., *Rei uxoriæ* resteront en vigueur, et la renonciation de la femme produira un effet définitif et absolu.

Or nous avons déjà établi que dans le cas où la femme renonçait en faveur d'un tiers à son hypothèque tacite sur les biens personnels du mari, il n'y avait pas de sa part un acte d'*intercessio*. Les restrictions posées par la loi 22 *Ad. senat. Vellei*, et la novelle 61 restent par conséquent étrangères au sujet que nous traitons, et la femme peut dans le dernier état du droit de Justinien, renoncer en faveur d'un tiers, à son hypothèque sur les biens du mari ou sur les meubles dotaux, alors même qu'après la dissolution du mariage le patrimoine du mari se trouverait insuffisants pour garantir la restitution intégrale de la dot.

La renonciation consentie par la femme pouvait être expresse ou tacite. Il ne saurait y avoir de difficulté dans le cas où la femme déclare formellement qu'elle se dépouille de son hypothèque; il ne nous reste donc qu'à rechercher les actes dont pouvait résulter une renonciation tacite. La loi 11 au Digeste, *Quibus modis pignus solvitur*, nous apprend que dans le cas où une femme ayant hypothèque sur un immeuble du mari, consentait à ce que cet immeuble fût donné en dot à un enfant commun, elle était censée faire l'abandon de ses droits hypothécaires. « Lucius Titius cum esset « uxori suæ Gaiæ Seiæ debitor sub pignore sive hy- « potheca prædiorum, eadem prædia cum uxore sua « (Seia), sicuti Septiciæ communis filiæ nomine,

« Sempronio marito ejus futuro in dotem dedit :
« postea, defuncto Lucio Titio, Septicia filia abstinuit
« se hereditate paterna. Quæro an mater ejus hy-
« pothecam consequi possit? Paulus respondit, pig-
« noris quidem obligationem prædiorum Gaïam Seiam,
« quæ viro pro filia communi in dotem eadem danti
« consensit, cum communis filiæ nomine darentur,
« remisisse videri, obligationem autem personalem
« perseverasse, sed adversus eam quæ patris here-
« ditate se abstinuit, actionem non esse dandam. »
(L. 11, Dig., *Quibus mod. pign. solv.*, 20. 6.)

Il ne faut voir dans le texte précédent autre
chose qu'une application du principe général posé
par la loi 158 *De diversis regulis juris : « Creditor,
qui permittit rem venire pignus dimittit. »* (Dig.,
50, 17.

Ulpien donne dans la loi 4 *Quibus modis pig. solv.*
un résumé très-exact des différents actes d'aliénation qui emportent extinction de l'hypothèque, lorsqu'ils sont faits avec le consentement du créancier :
« Si in venditione pignoris consenserit creditor,
vel, ut debitor, hanc rem permutet, vel donet, vel
in dotem det, dicendum est pignus liberari, nisi
salva causa pignoris sui consensit, vel venditioni,
vel cæteris....

Toutes les fois donc que la femme consent à ce
que le mari vende, échange, donne, ou constitue
en dot un immeuble, sur lequel elle a hypothèque; elle
renonce par cela même à faire valoir son hypothèque.

Marcien et Paul dans les lois 12 *Dig. Qui potiores*

in pignore, et 12 Dig. *Quibus modis pignus solvitur*, s'accordent à voir une renonciation tacite dans le cas où le créancier consent, non pas précisément à une aliénation complète, mais à une nouvelle affectation hypothécaire de l'immeuble au profit d'un tiers. Marcien dit en termes formels: « Si tecum de hypo- « theca paciscatur debitor, deinde idem cum alio, « tua voluntate secundus potior erit, » et Paul n'est guère moins explicite.

Nous pouvons donc invoquer l'autorité de ces deux jurisconsultes pour décider que la femme se dépouille des droits hypothécaires qu'elle peut avoir sur un bien, lorsqu'elle participe, à une constitution d'hypothèque consentie par le mari sur le même bien.

Mais si Paul et Marcien sont d'accord sur le caractère extinctif de la renonciation tacite, il existe quelques divergences entre eux à propos des effets qu'elle doit produire.

D'après Paul, la renonciation serait absolue et définitive, tous les créanciers hypothécaires postérieurs en profiteraient indistinctement : « Paulus respondit, « Sempronium antiquiorem creditorem consentien- « tem cum debitor eamdem rem tertio creditori « obligaret, jus suum pignoris remississe videri, non « etiam tertium in locum ejus successisse, et ideo « medii creditoris meliorem causam effectam. Idem « observandum est, et si Respublica tertio loco cre- « diderit. »

Marcien est beaucoup moins explicite dans sa décision, et il semble laisser à l'appréciation des juges les effets que pourra produire la renonciation du créan-

cier hypothécaire. « Erit autem facti quæstio agi-
« tanda, quid inter eos actum sit : utrum ut disce-
« datur ab hypotheca in totum, cum prior concessit
« creditor alii obligari hypothecam ; an ut ordo
« servetur et prior creditor secundo loco consti-
« tuatur. »

De grands efforts ont été faits par les anciens interprètes pour concilier les deux textes que nous venons
de citer. Nous n'aborderons pas l'examen des travaux
considérables qui ont été entrepris pour mettre Paul
d'accord avec Marcien ; à notre avis, cette tâche était
impossible, car les deux lois dont nous nous occupons,
reposent sur des principes différents. Que, dans certains cas, la renonciation du créancier puisse être
absolue, c'est ce que nous nous garderons bien de
contester ; mais, il nous paraît difficile de transformer la décision de Paul en une présomption légale,
et de dire que dans tous les cas la renonciation consentie par la femme en faveur d'un seul des créanciers hypothécaires du mari, profitera à tous les autres.

Le texte de Marcien nous paraît plus conforme
que celui de Paul aux principes généraux du droit et
aux règles posées par la loi *Jubemus*.

Les jurisconsultes romains étaient unanimes pour
reconnaître qu'une convention ou un jugement ne
pouvaient ni nuire ni profiter aux personnes qui y
étaient restées étrangères. « Nec inter alios res judi
« cata, aliis prodesse aut nocere solet. » (L. 16. Dig
Qui potior. in pign. 20, 4.) « Nec paciscendo nec
« legem dicendo, nec stipulando quisquam alteri
« cavere potest. »

Or la loi *Jubemus* fait une application de ces principes quand elle dit en termes formels. « Eadem
« renunciatio ad illos contractus et illas res seu per-
« sonas, quibus consensum proprium accommoda-
« verunt, vel accommodaverint, coarctetur, ne aliis
« quibusdam contractibus, quibus minime mulieres
« consenserunt, ve consenserint, prætendentibus
« eam, opponendi licentiæ præbeatur. »

Il résulte par conséquent de la constitution d'Anastase, que celui-là seul qui aura traité avec la femme pourra se prévaloir de l'abandon qu'elle aura fait de ses droits hypothécaires.

Quant à la décision de Paul, elle ne devra être appliquée que dans des circonstances exceptionnelles, et la renonciation consentie par la femme ne produira un effet complétement extinctif, que dans le cas où celle-ci aura expressément déclaré qu'elle entendait se dépouiller définitivement de tous ses droits hypothécaires.

Il nous reste une dernière observation à faire au sujet des formes que le consentement tacite pouvait revêtir. Il était généralement reconnu que la renonciation à un droit quelconque ne devait pas se présumer, et que le silence du créancier hyp   ecaire ne pouvait pas être facilement interprété contre lui.
« Non videtur autem consensisse creditor, si sciente
« eo debitor rem vendiderit, cum ideo passus est
« venire, quod sciebat ubique pignus sibi durare :
« sed si subscripserit forte in tabulis emptionis,
« consensisse videtur, nisi manifeste appareat de-
« ceptum esse. Quod observari oportet, et si sine
« scriptis consenserit. » (L. 8, *Quibus mod. pign.,*

15, 20) L'application des mêmes principes se re-trouve au Code dans les lois 6 et 8, *De remissione pignoris*. En conséquence, la femme ne sera censée renoncer à ses hypothèques, que dans le cas où aucun doute ne pourra s'élever sur la manifestation de sa volonté.

Les problèmes que nous avons essayé de résoudre dans ce dernier chapitre ont suscité de vives contro-verses parmi les romanistes anciens et modernes. Les textes qui traitent de la renonciation à l'hypothè-que tacite de la femme sont peu nombreux ; ajoutons même qu'ils sont assez obscurs, et qu'ils se prêtent aux interprétations les plus contradictoires.

Au premier abord, les principes généraux de la dotalité, et cet esprit de protection à outrance qui perce à chaque ligne des Constitutions de Justinien, paraissent inconciliables avec la doctrine que nous avons défendue.

Nous persistons néanmoins à soutenir que dans le dernier état du droit romain, la femme avait le droit de renoncer à son hypothèque tacite sur les biens de son mari. Nous pouvons invoquer en faveur de notre système, la tradition, les précédents, les règles du Velléien, la lettre même des textes insérés au Code. Le reproche d'incohérence nous touche peu, ce n'est pas précisément par le logique, que brillent les inno-vations de Justinien. Au moment où le régime dotal était créé de toutes pièces, il était impossible à un législateur d'établir une harmonie parfaite entre les différentes parties de son œuvre. Un régime matri-monial ne s'improvise pas ; il est l'œuvre des siècles.

DE

LA SUBROGATION

A L'HYPOTHÈQUE LÉGALE DE LA FEMME

---

1. — La législation Française protége la femme contre son mari, mais non contre elle-même, elle lui accorde des prérogatives considérables mais ne lui défend pas de s'en dépouiller.

Aussi, n'est-il pas rare que la femme abdique en faveur des tiers les bénéfices que l'hypothèque légale lui confère. Si cette garantie ne pouvait, dans aucun cas, être restreinte ou transférée pendant le mariage, le crédit du mari serait paralysé et la société conjugale frappée d'une immobilité ruineuse. On comprend sans peine que soit pour échapper aux conséquences d'une protection funeste à ses intérêts, soit pour venir en aide à son mari obéré, la femme se dessaisisse en faveur des tiers, des bénéfices exorbitants que la loi lui donne, et repousse une garantie qui pourrait dans certains cas être retournée contre elle.

2. — La loi n'ayant indiqué aucun moyen d'investir les tiers de l'hypothèque légale, force a été de recourir aux expédients ingénieux de la pratique. C'est sous le nom de subrogation à l'hypothèque légale de la femme que l'on désigne communément les différents moyens employés pour dessaisir la femme des droits hypothécaires qu'elle a contre son mari, et en faire passer les avantages entre les mains des tiers.

Grâce à cette subrogation le crédit du mari se trouve rétabli, et l'hypothèque légale facilite des transactions qu'elle aurait empêchées si la femme avait conservé le plein exercice de ses prérogatives.

Mais ce n'est pas impunément qu'on transforme une garantie personnelle au créancier en un moyen de crédit pour le débiteur. L'hypothèque légale détournée de son but et favorisant les opérations que par sa nature elle devait entraver, a souvent été pour la femme une cause de ruine, et souvent aussi n'a été pour les tiers qu'une source de déceptions. Tantôt c'était la femme qui ne se rendant pas bien compte d'un sacrifice qui n'apportait pas avec lui sa leçon, se dépouillait à la légère de la partie la plus importante de son patrimoine; tantôt c'étaient les tiers qui facilement trompés par des manœuvres déloyales ne se voyaient subrogés qu'à des droits illusoires alors qu'ils avaient cru acquérir la plus sérieuse des garanties.

3. — En l'absence de texte législatif, une pratique parfois plus ingénieuse que savante présidait seule à ce genre de transactions ; de vives contro-

verses partageaient la doctrine, et la jurisprudence ne s'était pas encore fixée.

Dès 1833, M. Troplong [1] appelait l'attention du législateur sur les difficultés que la subrogation à l'hypothèque légale faisait naître, et sur les dangers inhérents à ce genre de contrat.

L'intervention du législateur était d'autant plus nécessaire que certains auteurs étaient allés jusqu'à contester la validité d'une stipulation devenue en quelque sorte de style toutes les fois qu'une femme mariée figurait dans un acte.

L'hypothèque légale, disait-on, ne peut être restreinte pendant le mariage qu'avec autorisation de la justice et suivant les formes prescrites par les art. 2144 et 2145 du Code Napoléon. Si l'on permet à la femme d'abdiquer en faveur des tiers les droits hypothécaires qu'elle a contre son mari, on lui permet de faire par des moyens détournés un contrat que les articles précités lui défendent de faire ouvertement.

Cette opinion était manifestement contraire à l'esprit de la loi. Les art. 2144 et 2145 n'ont d'autre but que celui de prohiber une stipulation entre époux, et de protéger la femme contre les abus de l'influence maritale ; il ne visent nullement le cas où la femme s'oblige envers les tiers. Dès que la femme peut vendre ses propres pour payer les dettes de son mari, dès qu'elle peut cautionner les engagements qu'il a con-

[1] Commentaire des priviléges et hypothèques, préface et n° 609.

tractés, on ne voit pas pourquoi, en l'absence de tout texte formel, il lui serait défendu de donner une affectation spéciale à des droits hypothécaires qui font partie de son patrimoine et qui, en vertu des art. 2092 et 2093 du Code Napoléon, tomberaient sous le gage commun de tous ses créanciers.

4. — Dans l'enquête ouverte en 1841 sur le projet de réforme hypothécaire, personne ne songea à interdire une stipulation profondément enracinée dans les habitudes de la pratique, mais on demanda de toutes parts que le législateur soumit à des règles particulières toutes les transactions relatives à l'hypothèque légale de la femme mariée.

La faculté de Paris voulait que la femme ne pût abdiquer ses droits hypothécaires sans l'autorisation de la justice. C'était faire intervenir les tribunaux et exiger de longues et coûteuses formalités dans un contrat de chaque jour, et protéger l'hypothèque légale beaucoup plus efficacement que les immeubles propres.

Les cours de Metz et de Pau allaient plus loin encore et proposaient de soumettre toute affectation de l'hypothèque légale aux art. 2144 et 2145 du Code Napoléon. Pour compléter ce système de protection il aurait fallu interdire à la femme de s'obliger envers les tiers dans l'intérêt de son mari.

La faculté de Strasbourg voulait que la femme ne pût céder son hypothèque qu'à la condition de s'obliger personnellement.

Si ce système avait triomphé, les tiers n'auraient pas manqué d'exiger un engagement de la femme, dans tous les cas où ils auraient eu à redouter les effets de l'hypothèque légale, et la femme n'aurait pu venir au secours de son mari qu'à la condition de compromettre la totalité de son patrimoine.

Il est peut-être à regretter que la demande faite par la faculté de Rennes n'ait pas été prise en considération.

La variété des formules employées par la pratique est une source de difficultés très-graves quand il s'agit d'interpréter le contrat dans lequel la femme abdique ses droits hypothécaires ; et même il arrive souvent que des formules contradictoires figurent dans le même acte. Pour obvier à ces inconvénients, la faculté de Rennes voulait que le législateur ramenât ce genre de stipulations à un type uniforme, et lui donnât une portée toujours identique et indépendante des expressions employées.

C'était, sans doute, porter atteinte à la liberté des conventions ; mais il faut reconnaître que dans une matière aussi difficile, cette liberté ne s'exerce pas toujours en connaissance de cause, et que le plus souvent les parties auraient eu tout à gagner si elles avaient trouvé nettement précisées dans la loi les conséquences d'un contrat dont elles ne se rendent pas toujours bien compte.

5. — Toujours est-il que deux innovations seulement s'imposaient au législateur avec une impérieuse nécessité. Il fallait protéger la femme contre les abus de l'influence maritale et les tiers contre le concert frauduleux des deux époux. On arrivait à ce double résultat par l'authenticité et la publicité. La présence

d'un officier ministériel devait avertir la femme de l'importance de l'acte qu'elle allait consentir, et l'inscription sur les registres du conservateur devait mettre les tiers à l'abri de toute surprise.

L'art. 2115 du projet de 1851 consacrait cette double innovation. La femme ne pouvait céder son hypothèque légale ou y renoncer que par un acte authentique, et les bénéficiaires ne devaient être saisis à l'égard des tiers que par une inscription prise à leur profit, ou une mention en marge de l'inscription existante. Le projet de 1851 ne fût pas converti en loi, mais il ne tarda pas à être repris dans certaines de ses parties.

6. — La loi de 1855 en son art. 9 reproduisit les conditions d'authenticité et de publicité qui avaient été consacrées par l'art. 2115 du projet de 1851.

C'est avant tout une question de formes que le législateur a voulu régler : le fond du droit n'a pas été modifié. La capacité de la femme mariée est restée la même. « La commission, dit M. de Belleyme dans « son rapport, a fait subir à l'art. 11 (devenu l'art. 9) « un changement de rédaction, tendant à bien établir « que la loi actuelle n'a pas pour but de modifier en « quoique ce soit la législation relative aux droits de « la femme mariée en matière de cession ou de renon- « ciation à l'hypothèque légale. »

La subrogation à l'hypothèque légale reste donc ce qu'elle était avant la loi de 1855, c'est à dire un contrat inommé, dont les effets peuvent varier suivant la volonté des parties, et qui en dehors de certaines formalités extrinsèques reste exclusivement soumis aux principes généraux du droit.

7. — L'expression dont se servait la pratique pour désigner les actes au moyen desquels la femme investit les tiers de ses droits hypothécaires a été pour la première fois employée par le législateur dans l'art. 20 du décret qui a organisé le crédit foncier ; et depuis elle a été définitivement consacrée par la loi de 1855.

Tels sont les seuls textes formels qui aient parlé de ce contrat ; la plupart des difficultés que les stipulations relatives à l'hypothèque de la femme avaient fait naître n'ont pas été tranchées par le législateur ; elles sont encore dans la doctrine l'objet de discussions nombreuses et dont nous allons essayer de donner une idée.

8. — Nous diviserons notre étude sur la subrogation à l'hypothèque légale de la femme en quatre chapitres.

1° Nature du contrat de subrogation.

2° Capacité nécessaire à la femme pour qu'elle puisse subroger à son hypothèque.

3° Formes de la subrogation.

4° Effets de la subrogation.

CHAPITRE I

Nature de la subrogation à l'hypothèque légale

9. — La subrogation proprement dite implique toujours un payement, et n'a rien de commun avec le con-

trat que nous nous proposons d'étudier. Nos anciens auteurs ont toujours vu dans la subrogation la conséquence de l'extinction d'une dette, *potius distractus quam contractus*, et la rubrique même de la section du Code qui traite de cette matière prouve que leur théorie a été consacrée par notre législation.

10. — Dans la matière qui nous occupe le mot de subrogation ne se comprend qu'à la condition d'être pris dans son acception la plus large ; c'est-à-dire comme emportant l'idée de substitution d'une personne à une autre.

Domat, Renusson et Soulatges l'ont souvent employé dans ce sens, et la subrogation ainsi entendue ne pouvait être pour eux qu'une cession d'une espèce particulière.

Le mot de subrogation tel qu'il se trouve aujourd'hui dans la loi est donc trop vague pour préciser la nature du contrat qu'il désigne ; et les controverses nombreuses qui s'étaient élevées à ce sujet sont loin d'avoir reçu une solution définitive.

11. — Tous les auteurs s'accordent à voir dans la subrogation à l'hypothèque légale de la femme un contrat *sui generis* ; mais ils sont loin d'être d'accord quand il s'agit de déterminer le principal caractère de ce genre de stipulation.

Trois grands systèmes partagent encore la doctrine.

Les uns tiennent pour la cession-transport, les autres pour le nantissement, les autres enfin pour la délégation éventuelle.

12. — M. Bertauld s'est fait le défenseur du pre-

mier système, sans toutefois le pousser jusqu'à ses dernières conséquences. La subrogation est à ses yeux : « un acte qui participe tout à la fois du trans-« port et du nantissement, mais dans lequel le carac-« tère du transport prédomine. » Plus loin le même auteur ajoute : « c'est une sorte de transport condi-« tionnel régi par les art. 1690 et suivants et non par « les art. 2075 et 2076 du Code Napoléon. »

Le système de M. Bertauld se complète par les deux propositions suivantes :

La femme ne peut pas céder son hypothèque déta-chée de la créance qu'elle garantit.

Les évènements ultérieurs qui auraient éteint la créance si elle était restée dans les mains de la femme, ne l'éteignent pas dans les mains du cessionnaire.

Nous examinerons plus loin ces deux propositions, et nous essayerons de démontrer qu'elles ne doivent être admises ni l'une ni l'autre.

Mais sans nous attacher aux conséquences du sys-tème que nous combattons, examinons les principes sur lesquels il repose.

Toute cession transport d'une créance n'est autre chose que la vente de cette créance ; faute d'un prix convenu entre les parties, une vente est non seule-ment nulle mais encore inexistante. Une vente pareille n'a pas plus d'effet que s'il n'y avait eu aucune espèce de convention, et c'est avec juste raison que Cujas assimile l'absence du prix à l'absence de la chose vendue. « *Emptio et venditio sine pretio non consistit.* « *Emptio sine re non consistit.* »

Ajoutons à cela que, d'après l'opinion la plus communément admise, le prix dont parle l'art. 1591 du Code Napoléon doit être sérieux, certain, déterminé, et même consister en une somme d'argent. Or dans le contrat qui nous occupe peut-on voir, dans l'avantage que trouve la femme dans le crédit qu'elle procure à son mari, un prix certain et déterminé et surtout un prix consistant en une somme d'argent ? Il y a là sans doute une juste cause, suffisante pour valider un contrat, mais il n'y a pas de vente parce qu'il n'y a pas de prix.

S'il y avait transport, le cessionnaire deviendrait propriétaire incommutable de la créance de la femme et pourrait en disposer comme il l'entendrait, à titre gratuit ou à titre onéreux. Il devrait en outre se conformer aux règles prescrites par l'art. 1690 du Code Napoléon, pour être saisi valablement à l'égard des tiers. Mais ne résulte-t-il pas de la nature même du contrat intervenu entre la femme et le créancier du mari, que la femme a entendu rester maîtresse de ses droits toutes les fois que le subrogé n'aurait plus d'intérêt à les exercer ? Le système de M. Bertauld conduit à des conséquences inadmissibles. Si le cessionnaire était devenu propriétaire des créances de la femme, il pourrait en disposer même après avoir été désintéressé par le mari. La femme ne pourrait plus exercer les reprises cédées, même sur la portion des biens du mari restée libre après le payement de la dette, pour la garantie de laquelle la cession aurait été consentie.

Dans le système de la cession il faudrait trouver un moyen légal d'obliger le créancier désintéressé à restituer à la femme les créances aliénées. Or, ce moyen n'existe pas, et ce système aboutit à laisser inutiles entre les mains du créancier des droits qui seraient précieux entre les mains de la femme.

13. M. Bénech a vivement combattu le système de la cession transport et s'est refusé à voir dans le contrat qui nous occupe, autre chose qu'un nantissement,

Sans doute on serait au premier abord tenté de voir un contrat de gage dans l'acte en vertu duquel le créancier ne pourra exercer les droits de la femme que dans le cas où il ne sera pas payé par le mari ; et nous ne trouvons plus dans ce système cette aliénation inutile que nous reprochions au système précédent. Il y a bien impignoration dans le contrat qui nous occupe, en ce sens que la femme après s'être dessaisie de certains droits en faveur d'un premier créancier ne peut plus en disposer en faveur d'un second, et peut néanmoins les reprendre dans le cas où le premier subrogé se trouve désintéressé. Il faut donc voir dans la subrogation, une garantie mise entre les mains du créancier, garantie dont il ne doit user que dans le cas où elle devient nécessaire.

Il nous est cependant impossible de reconnaître à l'acte dont nous nous occupons, les caractères essentiels du nantissement. Le gage ne se comprend pas sans une tradition. Peu importe qu'il s'agisse d'une chose corporelle ou incorporelle, il faut toujours une remise faite entre les mains du créancier ; il faut que celui-ci détienne soit l'objet donné en gage, soit les titres qui constatent la créance. Or, rien de pareil dans le contrat qui nous occupe. Les créances de la femme, contre le mari, ne sont déterminées qu'à la dissolution de la société conjugale ; jusque-là elles sont soumises à tant de vicissitudes qu'elles ne peuvent être l'objet d'une impignoration valable.

Remarquons d'ailleurs que les créances de la femme ne sont pas toujours établies par des titres écrits, et que le système de M. Bénech serait dans bien des cas impossible en pratique. Les apports dotaux sont il est vrai constatés par le contrat de mariage, mais les successions recueillies par la femme et bien d'autres reprises ne sont le plus souvent accompagnées d'aucun titre susceptible d'impignoration. Le droit de la femme d'engager ses reprises dépendrait d'un accident, et sa capacité serait subordonnée à l'existence d'un écrit.

14. —M. Gauthier dans son traité des subrogations a adopté un système qui se rapproche du précédent, tout en en restreignant de beaucoup la portée. D'après cet auteur la subrogation ne constituerait de la part de la subrogeante qu'une renonciation à son droit d'hypothèque en faveur du subrogé. Ce système viole manifestement l'intention des parties en ce que la garantie du créancier serait restreinte aux immeubles du mari sur lesquels il aurait personnellement hypothèque.

15. — Si donc la subrogation à l'hypothèque légale de la femme n'est ni une cession, ni un nantissement, elle ne peut être qu'une délégation éventuelle.

M. Pont en soutenant ce système a nettement déterminé la nature juridique du contrat que nous étudions. Il n'y a ni cession ni nantissement parce que la femme s'oblige à payer la dette de son mari ou au moins à abandonner à titre de payement les droits qu'elle pourra avoir contre lui. Elle est débitrice et elle donne à ses créanciers le droit d'agir à sa place contre le mari débiteur des reprises conjugales. Il y a donc là une obligation véritable, mais cette obligation est conditionnelle. Si à l'échéance le mari paye la dette, la femme est censée ne s'être jamais engagée car l'effet rétroactif de la condition anéantit complétement l'obligation primitive, et la fait réputer n'avoir jamais existé; si au contraire le mari ne paye pas, la femme est censée liée dès l'origine aussi étroitement que le mari lui-même.

Nous avons donc deux dettes bien distinctes, celle du mari et celle de la femme.

La première pure et simple, la seconde conditionnelle, conditionnelle en ce sens qu'elle ne sera efficace que dans le cas où l'autre ne sera pas acquittée. Si cette hypothèse se réalise, la femme aura été débitrice du jour où l'engagement aura été contracté et elle devra payer ou permettre que le créancier agissant à sa place exerce les droits qu'elle aura contre son mari.

N'oublions pas cependant que le contrat de subrogation à l'hypothèque légale n'étant nullement défini par la loi il dépendrait des parties de modifier dans une certaine mesure la nature de cet acte ; et que des stipulations formelles pourraient dans certains cas faire échec à la doctrine que nous venons d'exposer.

§ 1er De la cession

16. — Pour faire passer entre les mains des tiers les droits hypothécaires de la femme, la pratique a recours à deux espèces de conventions distinctes : la cession et la renonciation.

La cession se manifeste sous trois formes : cession de l'hypothèque, cession de la priorité, cession de la créance.

La cession de l'hypothèque a pour effet de détacher l'hypothèque de la créance qu'elle garantit et de la faire passer à une autre créance. La première créance devient chirographaire, d'hypothécaire qu'elle était ; et la seconde devient hypothécaire alors qu'à l'origine elle était purement chirographaire.

L'hypothèque est en un mot un accesoire qui se sépare d'une créance pour s'incorporer à une autre créance et le cessionnaire se présente à la collocation non pour exercer une reprise de la femme, mais pour se faire payer d'une obligation qui lui est propre.

La cession d'antériorité laisse subsister l'hypothèque avec tous ses effets par rapport à tous les créanciers inscrits qui n'ont pas figuré dans la convention. Si entre la femme et le cessionnaire de l'antériorité il ne se trouve pas d'hypothèque intermédiaire, la convention se réduit à un échange de rang ; si au contraire le cessionnaire ne suit pas immédiatement à la femme, les autres créanciers inscrits ne doivent ni profiter ni souffrir d'une convention à laquelle ils sont restés complétement étrangers.

La cession de la créance emporte avec elle la ces-

sion de l'hypothèque et de toutes les garanties accessoires. Le cessionnaire prend le lieu et place du cédant et exerce les mêmes droits que lui ; la créance
subsiste avec tous ses effets, rien n'est modifié dans
son assiette ni dans son étendue, le titulaire seul est
changé.

Les trois conventions dont nous venons de parler
ont entre elles beaucoup d'affinités, et souvent même
produisent des effets identiques ; il existe cependant
entre elles certaines différences dont nous aurons à
nous occuper.

Examinons successivement ces trois formes de la
subrogation à l'hypothèque légale.

17. — 1. *Cession de l'hypothèque.* — Avant la
loi de 1855 c'était une question vivement contro-
versée que celle de savoir si l'hypothèque pouvait être
détachée de la créance et être cédée séparément. MM.
Proudhon, Zachariæ, Aubry et Rau, tenaient pour la
négative, et leur opinion avait été adoptée par la
Chambre des Requêtes dans l'arrêt du 25 janvier 1853.

MM. Championnière et Rigaud et M. Valette, dé-
fendaient l'affirmative et leur système avait triomphé
devant les Cours de Bourges et de Caen.

La loi de 1855 tout en fournissant des arguments
nouveaux à l'affirmative ne paraît pas avoir mis fin
à cette controverse.

MM. Bertauld, Larombière et Bénech, soutiennent
encore que l'hypothèque ne peut être valablement
détachée de la créance, tandis que l'opinion contraire
compte parmi ses défenseurs MM. Troplong, Rivière,
et Huguet, Pont, Flandin.

Les partisans de la négative invoquent les considérations suivantes :

1° La relation qui unit l'hypothèque à la créance est tellement intime qu'il est juridiquement impossible de détacher l'hypothèque pour l'adjoindre à une autre créance. Du jour où une hypothèque est constituée elle reçoit une mesure et des limites que le créancier n'a pas le pouvoir d'élargir et d'étendre. Or, ne serait-ce pas modifier profondément les conditions d'existence d'une hypothèque que de l'adjoindre à une créance qu'elle ne garantissait pas. Une séparation est d'autant plus inadmissible que les adversaires eux-mêmes sont obligés de reconnaître que l'hypothèque cédée continuera à être soumise à toutes les causes d'extinction qui pourront anéantir la créance dont elle aura été détachée. Cette hypothèque restera donc indépendante d'une créance nouvelle à laquelle on aura voulu l'adjoindre, sans tenir compte des liens intimes qui unissent le principal à l'accessoire.

2° La volonté seule du législateur pouvait déroger à la rigueur de ces principes. Lorsque la loi a permis qu'un accessoire fût détaché du principal, elle l'a dit expressément. L'art. 1279 par exemple dispose que dans le cas où le créancier éteint son droit par suite d'une novation avec un tiers, les priviléges et hypothèques qui garantissaient l'ancienne obligation, ne peuvent être adjoints à la créance nouvelle sans le consentement du débiteur. Si la dette novée était garantie par une caution, cette caution n'est tenue comme par le passé qu'à la condition d'y consentir expressément.

La loi n'a-t-elle pas montré par toutes ces restrictions, que l'attribution des accessoires d'une créance
à une autre créance n'était licite que dans les cas expressément déterminés.

S'il était permis en principe de céder les accessoires
en retenant le principal, ne pourrait-on pas céder le
cautionnement ou la contrainte par corps de la même
manière que l'hypothèque. La loi défend implicite-
ment de céder le cautionnement (art. 1281) et personne n'est allé jusqu'à vouloir attribuer un caractère ambulatoire à la contrainte par corps.

3° Si la cession des accessoires est illicite, en général, elle doit l'être à un bien plus haut degré encore
quand il s'agit d'une garantie personnelle et légale. La
loi a voulu protéger la femme contre les abus de l'influence maritale. L'hypothèque dont la femme a été
investie est un droit personnel attaché à la qualité de la créancière bien plus qu'à la créance elle-
même. Cette idée se détache très nettement de la loi
de 1855 qui oblige la veuve à inscrire son hypothèque
dans l'année qui suit la dissolution du mariage, et met
ainsi un terme à une protection qui a cessé d'avoir sa
raison d'être.

Céder isolément l'hypothèque légale, c'est bouleverser l'économie de la loi en faisant jouir une créance
ordinaire d'une faveur exceptionnelle, exorbitante, et
que la protection due à la femme pouvait seule justifier.
C'est violer la maxime fondamentale : « *beneficium
» personale non convertitur in beneficium commune.* »
(Paul, frag. 68, de div. reg. jur. antiq.).

4° Les travaux préparatoires du projet de réforme

de 1849, sont tout à fait favorables au premier système.

Le nouvel art. 2139 présenté par le Gouvernement était ainsi conçu : « Le créancier à qui l'hypothèque « a été consentie, ses héritiers ou ayants-cause pour- « ront céder cette hypothèque ou son rang d'antério- « rité mais seulement par acte authentique. »

« Cet art. dit M. de Vatimesnil, rapporteur de la « commission, paraît supposer que l'hypothèque peut « être cédée indépendamment de la créance. »

« La commission ne croit pas devoir admettre ce « genre de cession qui lui paraît contraire aux prin- « cipes et sujet à de graves inconvénients.

« ... *Contraire aux principes*, car l'hypothèque « étant un accessoire est naturellement transmise en « même temps que la créance dont elle forme la « sûreté....

..... *Sujet à de graves inconvénients*, car dans le « système que nous combattons, le créancier qui au- « rait hypothèque sur plusieurs immeubles, pourrait « en conservant sa créance et son hypothèque sur un « des immeubles, faire une sorte de trafic très- « fâcheux de cette même hypothèque en tant qu'elle « frapperait sur les autres immeubles. »

M. Bethmont rapporteur de la commission du Con- seil d'État, a reproduit l'opinion de M. de Vatimesnil en des termes à peu près identiques. « Le projet « paraît admettre qu'un créancier hypothécaire « pourra céder son hypothèque sans sa créance. « Une semblable cession ne se conçoit pas. On doit « donc exprimer formellement la faculté de céder la

« créance hypothécaire, mais non la faculté de céder
« l'hypothèque comme droit distinct détaché de
« l'obligation. »

— Les deux commissions triomphèrent du projet
de gouvernement et l'art. 2139 devenu l'art. 2150
par suite de quelques remaniements, consacra la doctrine de MM. de Vatimesnil et Bethmont. Cet art. 2150
fut adopté en deuxième lecture par l'assemblée législative dans la séance du 20 février 1851.

5° Il ne nous reste plus qu'à nous demander si le
législateur de 1855 a définitivement tranché cette
controverse et proclamé la possibilité de céder l'hypothèque indépendamment de la créance.

Les partisans du système que nous exposons maintenant reconnaissent bien que l'art. 9 interprété à la
lettre serait favorable à la doctrine de leurs adversaires ; mais ils opposent deux objections à l'argument
tiré du texte de l'article en question.

En disant : « dans les cas où les femmes peuvent
céder leur hypothèque légale ou y renoncer, le législateur ne prétend pas trancher un débat de principes,
il règle une question de formes. Il adopte pour être
plus facilement compris une terminologie consacrée
par la pratique ; et c'est abuser d'une formule généralement admise pour désigner toute une catégorie
de stipulations usuelles, que d'y chercher la solution
d'une difficulté si sérieuse et si vivement contro-
versée. »

Le législateur de 1855 a eu d'ailleurs bien soin de
dire qu'il ne voulait en rien modifier le fond du droit.
Cette idée a été exprimée en termes formels par le

rapport de M. de Belleyme.... « La loi actuelle dit-il
« n'a pas pour but de modifier en quoi que ce soit
« la législation relative aux droits de la femme ma-
« riée en matière de cession ou de renonciation à une
« hypothèque légale. »

Dans le projet de réforme hypothécaire de 1849 la
controverse dont il s'agit avait trop vivement agité
l'Assemblée législative, le Conseil d'État et la commission instituée par le gouvernement pour qu'il fût possible de supposer que les législateurs de 1855 igno-
rassent une question de cette importance. S'ils avaient
voulu la résoudre, leur volonté aurait laissé quelques
traces dans l'exposé des motifs, dans le rapport de la
commission, ou enfin dans la discussion de l'art 9.
Ces traces ne se retrouvent nulle part ; pas un mot,
pas une allusion qui rappelle la controverse. Du silence du législateur on ne peut rien conclure, sinon
que la loi de 1855 reste et doit rester étrangère au
débat, et qu'il faut en pareille matière se référer aux
principes généraux du droit.

18. — Si spécieux que ces arguments puissent être
ils ne sauraient nous toucher ; nous allons essayer de
démontrer que la cession de l'hypothèque séparée de
la créance, était valable avant la loi de 1855 et que
l'art. 9 de cette dernière loi a levé tous les doutes que
jusqu'alors cette question avait pu faire naître.

1° Le système que nous allons exposer invoque
tout d'abord l'autorité d'une longue tradition. La plupart des anciens docteurs qui ont écrit sur cette matière, ont décidé qu'il n'y avait pas indivisibilité nécessaire entre l'hypothèque et la créance, et que par

suite la première pouvait être cédée indépendamment de la seconde.

Cette opinion avait d'abord rencontré quelques résistances, mais elle avait été défendue par Merlinus, Neguzantius, Barthole, et n'avait pas tardé à devenir tout à fait dominante.

Si la convention dont il s'agit n'était pas usitée dans le droit coutumier cela tient à ce qu'elle était devenue inutile.

La coutume admettait la possibilité de donner une hypothèque en sous-ordre sur une autre hypothèque; dès qu'il était possible d'hypothéquer l'hypothèque, on n'avait aucun intérêt à la céder. Mais dès que les sous-ordres ont disparu de notre droit, les praticiens les ont remplacés en remettant en vigueur une es- pèce de conventions, que les anciens auteurs avaient déclarée valable et qui n'était pas expressément défen- due par la loi nouvelle. Sous l'empire du Code Napo- léon la cession d'hypothèque s'est introduite dans les usages, très-promptement et sans rencontrer d'oppo- sition sérieuse.

2° L'impossibilité juridique dont parle le premier système n'est nulle part consacrée par la loi. Sans doute on ne peut comprendre une hypothèque détachée d'une créance et vivant pour ainsi dire d'une vie isolée et indépendante. Mais notre système respecte le caractère essentiellement accessoire qui distingue l'hypothèque dans notre droit. L'hypothèque cédée isolément con- serve sa nature puisqu'elle ne cesse d'être l'accessoire de la créance ancienne que pour devenir l'accessoire de la créance nouvelle.

La cession de l'hypothèque isolée ne modifie en rien l'étendue et les conditions d'existence de cette hypothèque. Nous reconnaissons qu'elle continuera à être soumise aux mêmes causes d'extinction que la créance dont elle aura été détachée. Mais ce point une fois admis où voir une impossibilité juridique dans la convention suivante que feront ensemble Primus créancier hypothécaire et Secundus créancier chirographaire d'un même débiteur. Primus dira à Secundus : nous sommes chacun créancier de la même somme, j'ai une hypothèque et vous n'en avez pas, prenez ma place et je prends la vôtre ; au moment de la collocation vous vous présenterez comme je me serais présenté moi-même, vous n'aurez pas plus de droits que je n'en aurais eu mais vous aurez les mêmes droits.

En quoi cette convention peut elle modifier la position du débiteur et des autres créanciers inscrits ? L'hypothèque ne sera en rien altérée, quant à son étendue et quant à sa durée ; elle garantira la même somme que par le passé, elle sera soumise aux mêmes causes d'extinction.

Le droit réel qui grève l'immeuble du débiteur ou du tiers détenteur ne sera nullement aggravé, les hypothèques postérieures seront toujours primées par la même somme ; dès lors qui peut se plaindre ? Il est intervenu une convention entre deux créanciers, et cette convention n'a pu en rien modifier le droit des tiers.

Une convention de ce genre se justifie aux yeux de nos adversaires par un échange des deux créances jusqu'à concurrence de la plus faible.

Ce prétendu échange n'est qu'une fiction et un faux-fuyant. Primus et Secundus sont chacun créanciers de dix mille francs, l'un a une hypothèque et l'autre n'en a pas. Que Primus détache son hypothèque de sa créance et la cède à Secundus ou qu'il fasse avec lui un échange des deux créances, le résultat au premier abord semblera le même.

Primus au lieu d'une créance hypothécaire n'a plus qu'une créance chirographaire et la transformation inverse s'opère au profit de Secundus. Mais si nous supposons les deux créances portant intérêt à des taux différents, osera-t-on sérieusement prétendre qu'en l'absence de toute convention, Primus et Secundus ne continueront pas à toucher chacun les mêmes intérêts qu'auparavant. On comprend facilement dans cette hypothèse en quoi la cession de l'hypothèque isolée ne produit plus les mêmes effets qu'un échange de créances, et l'on ne pourrait sans violer ouvertement la volonté commune des parties assimiler les deux opérations.

3° Les dispositions du Code Napoléon qui ont été invoquées par certains partisans du premier système pour soutenir qu'il était impossible de détacher les accessoires du principal, n'ont aucun rapport avec le sujet qui nous occupe.

C'est méconnaître la portée des art. 1279 et 1281 que de vouloir en tirer le principe que l'hypothèque qui garantit une créance ne peut être transportée à une autre créance sans le consentement formel du débi-teur. C'est tirer de quelques textes spéciaux une con-clusion arbitaire que de soutenir que le législateur en tolérant dans certains cas déterminés que l'accessoire fût séparé du principal, a par cela même, prohibé en général une pareille séparation.

Les art. 1279 et 1281 sont spéciaux à la matière de la novation. L'effet de la novation est d'éteindre la dette et tous ses accessoires.

Il fallait que le législateur intervînt pour réagir contre les conséquences juridiques qui résultaient de cette extinction. Supposons que l'art. 1279 n'existe pas; Primus est créancier de Titius, pour 10,000 fr. et Secundus est inscrit immédiatement après lui. Primus consent à une novation; la dette est éteinte, l'hypothèque disparait avec elle et Secundus arrive au premier rang. Peu importe que Titius consente à ce que l'hypothèque qui grevait son bien continue à exister au profit de Primus.

Par cela seul qu'il y a eu novation, il y a eu extinction de la dette, extinction de l'hypothèque et droit acquis en faveur de Secundus.

L'intervention du législateur était donc nécessaire pour que ce résultat ne se produisît pas, et pour que l'hypothèque attachée à la dette éteinte pût subsister au profit de la dette nouvelle. Le législateur n'a pas séparé une hypothèque d'une créance pour l'adjoindre à une autre créance. Il a fait revivre une hypothèque éteinte et a permis qu'elle vînt adhérer à une dette transformée par novation. C'est là qu'est la véritable dérogation aux principes. La novation en éteignant la dette créait un droit en faveur du débiteur en effaçant l'hypothèque, et un droit en faveur des créanciers inscrits en les faisant avancer d'un rang. Le législateur a respecté le droit du débiteur en exigeant son consentement pour faire revivre l'hypothèque, et il a pu décider sans injustice que la novation ne produirait pas par rapport aux hypothèques postérieures les mêmes effets qu'un payement. De l'art. 1279 on peut tout au plus conclure que l'intervention du législateur est nécessaire pour faire revivre une hypothèque éteinte, on ne peut pas en induire qu'en l'absence de tout texte formel une hypothèque existante ne puisse passer d'une créance à une autre.

En ce qui touche le cautionnement, nous pourrions donner les mêmes raisons, et appliquer à l'art. 1281 les mêmes principes qu'à l'art. 1279.

Est-ce à dire pour cela que nous soutiendrions en général que le cautionnement peut être cédé indépendamment de la créance qu'il garantit ? Nous n'irons pas jusque-là parce qu'il existe entre le cautionnement et l'hypothèque une différence radicale.

Le cautionnement est une obligation personnelle contractée *intuitu personæ* ; l'hypothèque est avant tout un droit réel. La caution adhère à un lien de droit formé entre deux personnes, l'hypothèque une fois constituée n'est autre chose qu'un droit réel, entré dans le commerce. L'hypothèque n'établit de relation qu'entre un immeuble et une créance, elle les suit l'un et l'autre en quelques mains qu'ils passent, abstraction faite de toute idée de personne. L'hypothèque une fois donnée, le constituant s'efface et nous ne trouvons plus qu'un immeuble garantissant le payement d'une somme déterminée. Le créancier hypothécaire a un droit réel entre les mains, un droit qui est dans le commerce et dont il peut disposer comme il lui plaît pourvu qu'il ne lèse les droits de personne. Qu'importe que l'hypothèque passe d'une créance à une autre, si elle n'est modifiée ni dans son étendue ni dans sa durée; ni la position du détenteur de l'immeuble, ni la position des autres créanciers inscrits ne subiront le moindre changement; personne n'aura à se plaindre.

Le caractère personnel domine au contraire dans le contrat de cautionnement. C'est pour favoriser le débiteur que la caution s'oblige envers le créancier. Détacher le cautionnement de la dette ce serait violer l'intention manifeste des parties ; ce serait forcer la caution à adhérer malgré elle à un lien de droit auquel elle est restée complétement étrangère.

Il n'existe donc pas d'analogie intime entre l'hypothèque et le cautionnement, et c'est vainement qu'on essayerait de dire que tous les accessoires sont inséparables du principal et qu'on ne peut pas plus céder une hypothèque qu'on ne pourrait céder un cautionnement.

Même réponse à l'argument qui consisterait à dire on ne peut pas céder isolément la contrainte par corps, on ne peut donc pas céder isolément une hypothèque.

Nous n'insisterons pas sur une raison qui n'aura bientôt peut-être qu'un intérêt purement historique. Qu'il nous suffise de dire que la contrainte par corps n'est pas une garantie, mais un moyen d'exécution judiciaire, une voie de procédure que la loi peut ouvrir et fermer tour à tour d'une manière absolue, et sans encourir le reproche de rétroactivité.

4· Jusqu'ici nous avons raisonné sur l'hypothèque en général sans examiner l'influence que le caractère exceptionnel de l'hypothèque légale peut exercer sur la solution de notre problème. Nos adversaires voient dans le caractère essentiellement personnel de l'hypothèque de la femme, une raison qui ferait triompher leur système dans l'hypothèse qui nous occupe, alors même qu'en principe, le système contraire obtiendrait gain de cause. C'est, disent-ils, bouleverser l'économie de la loi, que d'investir une créance ordinaire d'un bénéfice exorbitant que la protection due à la femme pouvait seule justifier.

On ne voit pas comment, en partant de cette idée, la femme pourra céder à des tiers, non pas son hypothèque, mais ses reprises elles-mêmes. Si elle n'a qu'un droit personnel, elle seule peut l'exercer ; ce droit est incessible et ne doit, dans aucun cas, passer entre les mains de tiers. Or, les adversaires admettent que le cessionnaire des reprises profite de tous les bénéfices légaux qui appartiennent à la femme, ils reconnaissent donc que les droits hypothécaires de celle-ci ne sont pas purement personnels.

Si la cession est possible pour le tout, pourquoi ne serait-elle pas possible pour la partie ?

La femme a une hypothèque dans son patrimoine, peu importe que ce droit lui ait été donné par la loi, ou lui ait été consenti par un débiteur. Il est impossible de trouver un texte qui justifie ces différences entre les trois espèces d'hypothèques au point de vue de la cession. Cette cession est toujours possible ou elle ne l'est jamais.

5. M. de Vatimesnil, après avoir soutenu dans son rapport que la cession de l'hypothèque isolée de la créance, était contraire aux principes, a ajouté que cette opération était sujette à de graves inconvénients à cause du trafic auquel elle pouvait donner lieu.

Peu importe qu'un créancier ayant hypothèque sur plusieurs immeubles, cède son hypothèque sur tel immeuble déterminé et conserve sa créance et son hypothèque sur un autre immeuble ; il ne modifiera en rien la situation des tiers. Une hypothèque, une fois établie pour une somme déterminée, ne peut, dans aucun cas, garantir une créance plus considérable. Les inscriptions postérieures ne sont primées que par une somme fixe, et ne peuvent en rien souffrir de la répartition de cette somme. Il est bien évident que chaque immeuble ne répond de la somme garantie, que sous la condition que les autres ne la procureront pas.

6° S'il est démontré que l'imposibilité juridique de séparer l'hypothèque de la créance, ne résulte ni des principes, ni des textes, et que les inconvénients auxquels cette opération pourrait donner lieu sont purement imaginaires, nous retombons sous l'empire des règles générales du Droit.

Tout ce qui n'est pas défendu est permis ; et le silence du législateur doit être interprété en faveur de la liberté des conventions. Dans l'espèce, l'empire de ces principes est d'autant plus absolu qu'une pratique usuelle est venue consacrer une tradition déjà fort ancienne. En l'absence de tout texte prohibitif, nous devons donc reconnaitre la validité d'une stipulation dont les interprètes avaient, de si bonne heure, ploclamé la légalité.

Pourquoi donc l'hypothèque ne pourrait-elle pas être cédée? N'est-elle pas un droit pécuniaire, un droit appréciable, un droit qui est dans le commerce et qui par conséquent est susceptible de toutes les stipulations? D'ailleurs, si le créancier peut céder la créance avec tous ses accessoires, pourquoi ne pourrait-il pas transférer en partie ce qu'il pourrait transférer pour le tout. Il n'a pas seulement la créance, il a les garanties de cette créance qui constituent des droits négociables et transmissibles, il peut tirer de son émolument tel parti qui lui plaît, pourvu qu'il ne porte préjudice à personne. Or, aucun tiers ne peut se plaindre de ce qu'au lieu de comprendre la créance tout entière, la cession ne porte que sur certains accessoires détachés du principal. Qui peut le plus, peut le moins, tout ce qui n'est pas défendu est permis ; voilà tout le système.

7° Enfin si quelques doutes étaient possibles avant la loi de 1855, il faut bien reconnaître que l'art. 9 de cette loi a mis ce point de droit à l'abri de toute controverse.

Le texte est formel et il suppose évidemment que l'hypothèque peut être cédée indépendamment de la créance dont elle est l'accessoire.

M. Mourlon qui, d'abord, avait défendu le premier système, a reconnu que son opinion n'était plus soutenable depuis la dernière loi et il a cru devoir modifier sa doctrine. Mais son exemple n'a pas été généralement suivi et certains auteurs soutiennent encore que la loi de 1855 doit rester étrangère à la solution de cette difficulté. Cette loi, disent-ils, n'a pas entendu consacrer d'innovation, M. de Belleyme l'a dit formellement dans son rapport. Si l'opération n'était pas valable avant la loi de 1855, elle ne l'est pas devenue depuis.

Mais la réserve faite par M. de Belleyme et le changement de rédaction qu'on a fait subir à l'art. 9 n'avaient absolument qu'un seul but : faire ressortir cette idée que la loi nouvelle n'apportait aucune innovation dans le droit civil en ce qui touchait la capacité de la femme. Celle-ci restait soumise comme le passé au Code Napoléon et à ses conventions matrimoniales et ne devait jamais exciper de la loi nouvelle pour consentir une aliénation qu'elle n'aurait pas eu le droit de faire auparavant. Il n'y avait en jeu qu'une question de capacité et c'était seulement en pareille matière que le législateur entendait se lier les mains. D'ailleurs il y aurait toujours à se demander si la cession de l'hypothèque isolée de la créance était une innovation aux yeux des auteurs de l'art. 9.

En fait, cette opération était usuelle en pratique et rien ne prouve que le législateur de 1855 ait entendu la prohiber. Il résulte au contraire du rapprochement des projets de 1849 et de 1853, que le Gouvernement a persévéré dans la doctrine qu'il avait d'abord proposée et a toujours considéré l'hypothèque comme pouvant être cédée indépendamment de la créance. En même temps qu'il posait le principe de cette séparation dans l'art. 2139 du projet de 1849 le Gouvernement disait à l'art. 2127 : « Les femmes ne peuvent

« céder leurs droits à l'hypothèque légale ou y renon-
« cer, en faveur des tiers, que par acte authentique,
« etc... »

Les mêmes expressions : « Les femmes ne peuvent
« céder leurs droits à l'hypothèque légal ou y renon-
« cer, etc... » se retrouvent dans l'art. 11 du projet
de 1853. Cet art. 11 n'est autre chose que la repro-
duction d'un article proposé en 1849 et qui faisait
partie d'un plan de législation hypothécaire dans lequel il était permis de détacher l'accessoire du principal.

Vient ensuite le rapport de M. de Belleyme qui
demande une modification à l'art. 11, devenu depuis
l'art. 9, « afin de bien établir que la loi actuelle n'a
« pas pour but de modifier en quoi que ce soit la
« législation relative aux droits de la femme mariée
« en matière de cession ou de renonciation à une
« hypothèque légale. »

Quelle conclusion tirer de ces paroles du rapporteur,
sinon que la commission connaissait les débats qui
s'étaient élevés sur ce point de droit en 1849, et ac-
ceptait sans réclamation la doctrine proposée par le
Gouvernement.

Bien plus, en modifiant la rédaction de l'art. 9 et
en disant : Dans les cas où les femmes peuvent *céder
leur hypothèque* légale au lieu de dire : « les femmes »
ne peuvent *céder leurs droits* à l'hypothèque légale,
la commission accentuait la pensée du gouvernement,
de manière à ne plus laisser le moindre doute sur la
validité d'une convention qu'elle visait en des termes
formels.

La question est donc tranchée, les femmes peuvent céder leur hypothèque ou y renoncer ; si la controverse était jusqu'à un certain point possible, avant la loi de 1855, elle ne l'est plus aujourd'hui : l'esprit et le texte de la loi sont formels.

19. La question que nous venons de résoudre n'a pas seulement un intérêt théorique ; la cession de l'hypothèque détachée de la créance offre souvent, dans la pratique, une incontestable utilité.

Primus dont les biens sont déjà grevés d'hypothèques conventionnelles, emprunte 10,000 francs à Secundus pour établir son fils. Prima, femme de Primus, tient à ce que cette dette soit payée, mais elle ne veut ni s'obliger comme caution, afin d'éviter des poursuites personnelles, ni céder ses reprises, afin de les exercer comme elle l'entendra. Elle se contente de céder son hypothèque jusqu'à concurrence de 10,000 francs, tout en conservant sa créance.

Plus tard Primus est exproprié, et Secundus est payé par préférence aux autres créanciers hypothécaires, en tant que ceux-ci auraient été primés par l'hypothèque légale de la femme. Celle-ci conserve toujours sa créance de dix mille francs contre son mari, mais à titre chirographaire seulement. La créance de Secundus chirographaire, à l'origine, est devenue hypothécaire, et celle de la femme a subi la transformation inverse.

20. — II. *Cession de l'antériorité.* — La cession de l'antériorité n'est qu'une variété de la cession de l'hypothèque. La seule différence qui se puisse relever entre ces deux opérations, c'est que la première

ne peut avoir lieu qu'au profit d'un créancier hypothécaire.

La cession d'antériorité fait passer l'hypothèque
de la femme entre les mains du créancier, et l'hypothèque du créancier entre les mains de la femme.

Du moment où nous avons admis que l'hypothèque
pouvait être détachée de la créance, la convention dont
il s'agit ne peut nous laisser le moindre doute sur sa
validité. La femme cède son hypothèque au créancier;
celui-ci cède son hypothèque à la femme ; chacune
des deux parties conserve sa créance, les hypothèques
seules sont échangées. Un pareil acte ne présente pas
un caractère juridique particulier ; il se résume en
une double cession.

Il faut remarquer, toutefois, que dans les travaux
préparatoires de 1849, ceux-là même qui repoussaient
le plus énergiquement la cession de l'hypothèque isolée, admettaient la cession de l'antériorité.

D'après MM. de Vatimesnil et Bethmont, il était
impossible de détacher l'hypothèque de la créance,
mais il était permis, entre créanciers hypothécaires, de
faire un échange de rang.

Ainsi donc, l'hypothèque accessoire de la créance
ne pouvait en être séparée mais on pouvait parfaitement détacher d'une hypothèque, son rang, c'est-à-
dire la principale de ses qualités.

La contradiction est manifeste ; de deux choses
l'une, ou bien l'hypothèque est à tel point rivée à la
créance qu'elle doit l'accompagner partout et toujours,
en conservant ses conditions d'existence et son étendue
originelles ; ou bien la séparation du principal et de

— 38 —

l'accessoire peut s'opérer au gré du créancier. Ce que nous ne pouvons comprendre, c'est une distinction établie entre l'hypothèque et le rang qu'elle occupe. Le rang est la qualité essentielle de l'hypothèque, c'est de lui que dépend son efficacité, et céder le rang c'est céder l'hypothèque elle-même.

21. — III. — *Cession de la créance.* — Après ce que nous avons dit de la cession d'hypothèque et de la cession de l'antériorité, la cession de la créance ne peut offrir aucune difficulté.

La femme peut céder les reprises qu'elle a contre son mari, elle jouit d'une prérogative de droit commun, que la loi accorde à tout créancier. La cession de l'hypothèque est en pareil cas comprise dans la cession de la créance dont elle est l'accessoire et à laquelle elle reste attachée. Le tiers envers lequel la femme s'est obligée est mis à son lieu et placé et exerce contre le mari les reprises matrimoniales comme elle aurait pu le faire elle-même.

22. — On a essayé de soutenir que l'art. 9 de la loi de 1855 ayant passé sous silence la cession des reprises matrimoniales avait par cela même entendu la proscrire. Il est vrai que l'art. 9 ne parle que de la cession de l'hypothèque légale ou de la renonciation à cette hypothèque, mais rien ne prouve que le législateur ait voulu prohiber une opération consacrée jusqu'alors par une pratique constante. S'il n'est question à l'art. 9 que de l'hypothèque légale, c'est qu'il s'agissait avant tout de régler les effets d'une opération qui faisait passer entre les mains des tiers un bénéfice personnel à la femme. Le législateur ne

voulait supprimer aucun des moyens usités pour arriver à ce résultat ; il voulait simplement assujettir toutes les conventions de ce genre à certaines formes de rigueur.

Dans les travaux préparatoires il a souvent été répété que la loi nouvelle n'apportait aucune modification à la capacité de la femme mariée. Or on ne peut sérieusement contester que la femme majeure n'ait le droit de céder ses reprises à moins que le régime matrimonial ne s'y oppose. Toutes les fois donc qu'elle usera de ce droit, son hypothèque légale passera entre les mains du cessionnaire, en même temps que la créance dont elle est l'accessoire et la garantie.

§ 2. — *Renonciation à l'hypothèque légale de la femme.*

23. — Nous avons déjà dit que la subrogation à l'hypothèque de la femme se manifestait souvent sous forme de renonciation ; c'est de cette dernière forme qu'il nous reste à nous occuper.

La renonciation peut être expresse ou tacite ; dans les deux cas les mêmes effets doivent se produire en vertu du principe : *eadem vis est expressi ac tacili.*

La loi de 1855 exige que la cession ou la renonciation résultent d'un acte authentique, et l'on a essayé de soutenir que toute renonciation tacite devenait par cela même impossible. Mais autre chose est d'exiger qu'une convention soit faite par acte authentique, ou qu'elle soit exprimée en termes formels. L'exigence du législateur se trouvera pleinement satisfaite lorsque l'acte d'où l'on prétendra induire la renonciation sera fait en forme authentique.

24. — On a aussi soutenu que la renonciation expresse et la renonciation tacite ne devaient pas toujours produire les mêmes effets. D'après M. Bénech la femme ne peut se faire illusion sur la portée d'une renonciation formelle, et sait en parlant de ses hypothèques qu'elle va s'en dépouiller pour en investir le créancier du mari. Il n'en est pas de même de la renonciation tacite ; le silence de la femme peut s'interpréter par un simple abandon du droit de priorité, abandon bien moins onéreux qu'une renonciation translative.

D'après cette doctrine, la renonciation expresse serait translative et la renonciation tacite purement extinctive. Cette distinction a contre elle l'autorité de notre ancienne jurisprudence. Leprestre (Cout. 3, ch. 69), cite un arrêt du 1er février 1602 qui accorde à la renonciation tacite les mêmes effets qu'à la renonciation expresse.

D'après cet arrêt la femme « qui s'est obligée avec
« son mari à un créancier a, par cette obligation, ta
« citement renoncé à l'hypothèque des conventions
« matrimoniales, même à icelles au profit dudit cré
« cier.....; en sorte que si, après la mort de son mari,
« elle transporte ses deniers dotaux à un autre, ce
« sera inutilement pour le regard de son dit pre
« mier créancier, qui est préféré au dernier sur
« les dits deniers dotaux, bien que ce soit meubles et
« que celui auquel elle a fait le transport en fût le
« premier saisi, parce que après avoir tacitement
« renoncé à ses conventions au profit du créancier

« envers lequel elle s'était obligée, elle ne les a pu
« transporter à son préjudice à un autre n'y ayant
« plus de droits pour le regard du premier créan-
« cier.... » Les mêmes raisons pourraient être invoquées dans le droit actuel. Dans la matière qui nous
occupe, il s'agit d'interpréter une convention,
et de rechercher quelle a pu être la commune volonté
des parties. La difficulté ne pourra donc porter que
sur un point. La femme a-t elle entendu renoncer à
son hypothèque légale ?

Si l'affirmative paraît évidente, nous devons donner
à la convention tacite les mêmes effets qu'à la convention expresse. Les conséquences d'un contrat ne peuvent pas dépendre d'un accident de style ; la portée
d'un acte ne varie pas suivant les formes qu'il a pu
revêtir.

25. — S'il est bien établi que les deux renonciations doivent produire les mêmes effets, devrons-nous
distinguer maintenant suivant la qualité du créancier
en faveur duquel la femme renonce à son hypothèque.

On a soutenu que la renonciation ne pouvait avoir
d'effet translatif que dans le cas où elle était faite en
faveur d'un créancier hypothécaire du mari, et qu'elle
ne profiterait au créancier chirographaire que comme
un engagement pris par la femme de ne pas faire valoir son hypothèque contre lui. De là résulterait que
la renonciation produirait au regard des créanciers
hypothécaires les mêmes effets qu'une cession de
priorité et conférerait à chacun d'eux un droit
de préférence déterminé d'après la date de l'acte,

tandis que les créanciers chirographaires concour-
raient tous entre eux au marc le franc sans qu'il
y eût à tenir compte de l'ordre des renonciations.
Ces derniers n'auraient jamais qu'un droit incertain
susceptible d'être modifié par des renonciations
postérieures ; ils devraient même souffrir que la
femme ayant conservé sa créance chirographaire vînt
en même temps qu'eux prendre sa part à la contribution
du mari.

Comment ne pas voir que la qualité et les droits du
cessionnaire de la femme sont indépendants des droits
qu'il peut avoir stipulés contre le mari. Le système
que nous venons d'exposer repose sur l'idée que l'hypothèque de la femme ne peut être cédée indépendamment de la créance, qu'au créancier hypothécaire du
mari. Mais si l'on admet avec nous que la cession de
la priorité n'est autre chose que la cession de l'hypothèque, on sera amené à décider que la femme peut se
dessaisir de tout ou partie de ses droits aussi bien en
faveur du créancier chirographaire que du créancier
hypothécaire.

26. — Après avoir écarté les distinctions précédentes il nous reste à étudier les effets de la renonciation faite en faveur d'un créancier.

Peu importe que la renonciation soit expresse ou
tacite, peu importe que le créancier soit chirographaire ou hypothécaire ; la stipulation produit toujours les mêmes effets.

Nous examinerons plus loin le cas où la renonciation
est faite au profit de l'acquéreur d'un immeuble
conquêt de communauté ou propre du mari.

La renonciation in *favorem* a été l'objet de controverses très-vives ; un assez grand nombre de systèmes divisent encore la doctrine et la jurisprudence; nous allons rapidement examiner les principaux d'entre eux.

Le premier système invoque l'autorité d'un fragment de Paul qui est ainsi conçu : « Paulus respondit: « Sempronium antiquiorem creditorem consentientem « cum debitor eamdem rem tertio creditori obligaret, « jus suum pignoris remisisse videri, non etiam ter « tium in locum ejus successisse, et ideo mihi credito « ris meliorem causam effectam. Idem observandum « est, etsi respublica tertio loco crediderit. » (Dig. Liv. 20, tit. vi L. 12).

De ce passage, il semble résulter que la renonciation d'un créancier hypothécaire en faveur d'un autre créancier, n'a pas pour effet de mettre ce dernier au lieu et place du renonçant, mais de le faire monter seulement d'un degré. Les créanciers intermédiaires profiteraient de cette convention et en retireraient le même avantage que celui qui l'a stipulée.

D'après ce système, la renonciation de la femme en faveur d'un créancier n'investirait celui-ci d'aucun droit. Tous les créanciers inscrits conserveraient leurs rangs respectifs et cesseraient d'être primés par la femme sans être primés par celui en faveur duquel elle aurait renoncé. L'ordre des hypothèques ne serait pas interverti, mais l'hypothèque de la femme venant à disparaître, chaque créancier monterait d'un rang.

Mais ce système, tout en admettant que les créanciers intermédiaires tirent profit de la renonciation ne va pas jusqu'à permettre à ces derniers de réclamer l'exécution d'un contrat auquel ils sont restés étrangers. L'hypothèque de la femme ne sera éteinte que si l'intérêt du stipulant l'exige; et l'effet de la convention sera subordonné à la volonté de ce dernier.

La femme ne renonce pas définitivement à son hypothèque, la main levée qu'elle donne reste soumise à la condition suivante: les choses resteront entières dans le cas où le stipulant primé par un trop grand nombre de créanciers inscrits ne tirerait aucun profit de la convention.

Malgré la restriction que nous venons d'indiquer, ce système doit être écarté car il est contraire à l'intention présumée des parties et à l'art. 1165 du Code Napoléon.

La femme en renonçant à son hypothèque en faveur d'un seul créancier n'a pu vouloir améliorer la position des autres créanciers, et leur permettre de monter d'un rang. De son côté le stipulant entendait acquérir une garantie pour lui-même et n'avait ni qualité ni intérêt pour traiter au nom des autres créanciers.

Les principes de l'art. 1165 sont d'autant plus applicables à l'espèce que le créancier en obtenant une renonciation aurait stipulé d'abord pour des tiers et subsidiairement pour lui-même. Les créanciers intermédiaires seraient les premiers à profiter d'une convention à laquelle ils seraient restés étrangers, et le stipulant leur procurerait à leur insu un avantage certain et considérable, tandis qu'il ne se réserverait pour lui-même qu'un bénéfice douteux, accessoire et indirect.

27. — Proudhon a soutenu que la renonciation de la femme était purement extinctive. D'après cet auteur la renonciation n'aurait rien de commun avec la cession « parce que autre chose, dit il, est de renoncer « à l'exercice d'un droit et d'y renoncer même en « faveur de quelqu'un, autre chose est de lui déléguer « ou céder ce même droit pour qu'il l'exerce à son « profit sur des tiers. La renonciation n'est par sa « nature que privative pour celui qui la fait. Lui don- « ner la force d'une cession de droits, ce serait « étendre les effets au delà de ce que comporte leur « cause. »

Voici le principal argument de ce système. Toutes les fois que la femme s'oblige personnellement pour garantir un emprunt du mari, elle est censée renoncer à tous ses priviléges et hypothèques en faveur du prêteur parce que celui-ci peut forcément obtenir la subrogation judiciaire dans les droits de sa débitrice. Si donc la renonciation était équipollente à la cession, les créanciers envers lesquels la femme se serait engagée personnellement ne seraient jamais obligés de concourir entre eux au marc le franc, mais se primeraient les uns les autres suivant les dates de leurs créances respectives. Or, comme il est impossible d'admettre cette conséquence, il faut reconnaître que la renonciation en faveur d'un créancier ne peut avoir seule et par elle-même les effets d'un transport qui lui donnerait un droit de préférence sur les autres.

Cette doctrine suppose toujours une obligation personnelle contractée par la femme renonçante. Dès lors, la renonciation n'est plus autre chose qu'un

retour au droit commun. Les stipulants se partageront au marc le franc la collocation de la femme aux
termes des art. 2092 et 2093. La femme n'aura pas
abdiqué définitivement son hypothèque en ce sens
qu'elle recevra sa collocation comme si elle n'avait pas
renoncé; mais son émolument profitera à ses créanciers personnels, et ceux-ci partageront au marc le
franc leur gage commun.

Peu importe que les créanciers qui dans ce système
ont toujours la femme pour obligée aient fait une stipulation relative à l'hypothèque légale ; par cela seul
que la femme aura renoncé, elle se sera soumise aux
art. 2092 et 2093 et se sera privée de la faculté d'as-
signer une affectation spéciale aux droits hypothécaires qu'elle a contre son mari.

Il faut pourtant remarquer que la femme après
avoir renoncé à son hypothèque, conserve la propriété
de ses reprises et peut par conséquent les céder. Or,
si ces reprises ne sont plus garanties par l'hypothèque
légale une cession devient le plus souvent illusoire.

Il arrivera donc qu'une renonciation faite pour une
créance insignifiante paralysera la libre disposition de
reprises considérables. Par cela seul que la femme
aura renoncé une fois elle aura fait tomber son hypothèque dans le gage des créanciers à venir ; le cessionnaire des reprises n'aura qu'un droit précaire, et
subordonné à la quotité des dettes qu'il plaira à la
femme de contracter dans la suite.

En second lieu, cette idée que toute renonciation
implique un engagement personnel, est extrêmement
dangereuse, car elle force la femme à compromettre

la totalité de son patrimoine toutes les fois qu'elle veut faciliter un emprunt contracté par le mari.

Enfin quel intérêt pourrait avoir une clause de renonciation dans le système que nous venons d'exposer. Si par cela seul que la femme s'oblige personnellement envers un créancier du mari, elle renonce à se prévaloir de son hypothèque légale, pourquoi le créancier aura-t-il exigé une renonciation formelle et ne se sera-t-il pas contenté de l'accession de la femme à l'acte d'emprunt.

N'est-il pas évident que le créancier a entendu s'assurer une garantie sérieuse et a compté acquérir un droit de préférence sur les créanciers postérieurs.

28. M. Mourlon dans son traité de la transcription, a exposé un système qui avait été consacré par trois arrêts de la Cour de Caen.

La renonciation n'a d'effet qu'entre les parties contractantes, elle est à l'égard des tiers *res inter alios acta.*

Lorsque la femme renonce en faveur d'un créancier, elle s'engage à ne pas exercer son hypothèque légale dans le cas où cette hypothèque pourrait lui causer préjudice.

La position des créanciers intermédiaires n'est en rien modifiée ; chacun d'eux conserve vis-à-vis de la femme le rang qu'il avait auparavant. Le créancier qui a stipulé la renonciation n'est pas le cessionnaire de la femme, il continue à être primé par une somme égale au montant des inscriptions antérieures à la sienne. Il conserve donc son rang, il n'acquiert aucun droit personnel, il s'est mis seulement à l'abri des droits que la femme aurait pu réclamer sur le prix de l'immeuble.

Il est, en un mot, dans la même position que si le propriétaire de l'immeuble n'était pas marié.

D'après ce système, la femme frappe son hypothèque d'une extinction conditionnelle, subordonnée à l'intérêt du stipulant. Ce dernier a un droit acquis du jour de la renonciation, et est mis à l'abri des cessions postérieures que la femme pourrait consentir. Celle-ci n'a plus entre les mains qu'une hypothèque en partie éteinte et ne peut plus conférer que les droits qu'elle a conservés.

Ainsi pas de difficulté en ce qui touche le créancier hypothécaire. Il avait une hypothèque spéciale tenue en échec par l'hypothèque générale de la femme ; il s'est mis à l'abri de ce genre de danger, et il ne sera primé désormais que par les inscriptions antérieures. Il a transformé un droit subordonné à la quotité des reprises matrimoniales en un droit certain et définitivement établi.

Mais il n'en sera pas de même du créancier chirographaire.

Ce dernier n'a obtenu que l'extinction conditionnelle de l'hypothèque de la femme ; il n'a acquis aucune garantie pour sa créance. La femme s'est obligée à n'être plus, dans ses rapports avec lui, qu'une créancière chirographaire, il devra donc souffrir qu'elle vienne en concours avec lui. D'un autre côté, la renonciation n'ayant investi le stipulant d'aucun droit de préférence, il devra subir le concours de tous les autres créanciers en faveur desquels la femme pourra renoncer dans la suite. Ce résultat nous paraît contraire à l'intention des parties et la distinction que fait le système que nous venons d'exposer entre les créanciers hypothécaires et les créanciers chirographaires, suffirait pour nous le faire repousser.

29. — Tout en reconnaissant que, dans la matière qui nous occupe, il faudra toujours tenir grand compte des termes de l'acte et rechercher quelle a été la volonté commune des parties, nous donnerons à la renonciation les mêmes effets qu'à la cession d'hypothèque sans toutefois élever ce système à la hauteur d'une présomption légale.

La renonciation n'est qu'une des formes de la subrogation à l'hypothèque légale. Suivant les circonstances, elle pourra valoir comme cession d'hypothèque ou comme cession des reprises, mais elle aura toujours pour effet de faire passer tout ou partie des droits hypothécaires de la femme entre les mains d'un tiers. La renonciation, en un mot, n'est pas extinctive, elle est translative. Les diverses conventions que nous avons examinées jusqu'à présent, cession d'hypothèque, cession de créance, renonciation, ne sont que les variétés du même acte juridique. Peu importe la forme employée; le même effet se reproduira toujours, il y aura subrogation à l'hypothèque légale; un créancier sera mis au lieu et place de la femme, et, le cas échéant, exercera les droits qu'elle aura éventuellement abandonnés.

Le système qui assimile la renonciation à la cession, s'appuie sur les principes généraux du droit, sur le texte de la loi de 1855 et enfin sur l'interprétation la plus vraisemblable de la volonté des parties.

1° La législation actuelle a consacré au titre des successions une idée généralement reçue dans l'ancien droit et qui peut s'appliquer à toute espèce de renonciations.

La renonciation est extinctive ou translative suivant que la personne en faveur de laquelle elle est faite a ou n'a pas un droit éventuel et préexistant sur la chose abandonnée.

Les art. 785 et 786 supposent que plusieurs personnes ont un droit collectif sur le même objet et sont appelées ensemble à en profiter. Si, dans cette hypothèse, l'un des appelés répudie son droit, il laisse la place libre aux autres plutôt qu'il ne la leur cède ; ceux qui profitent de la renonciation ne reçoivent rien de celui qui se retire, c'est seulement à la nature de leur titre qu'ils doivent l'accroissement de leur droit.

De l'art. 780, il résulte, au contraire, que si le bénéficiaire de la renonciation n'avait aucun droit préexistant sur la chose abandonnée, l'effet extinctif ne se produit plus. Lorsqu'une personne s'est dessaisie d'un droit définitivement acquis au profit d'un tiers qui n'avait en lui aucun germe de ce droit, il s'opère une véritable translation.

Appliquons ces principes à la matière des hypothèques. Le créancier, en faveur duquel la renonciation a été faite, n'avait évidemment aucun droit éventuel à l'hypothèque de la femme.

La volonté de celle-ci l'a investi d'une garantie sur laquelle la nature de son titre ne lui permettait pas de compter ; un droit est passé d'un patrimoine dans un autre, il y a eu translation. La distinction précédente était reçue dans l'ancien droit, non seulement en ce qui touchait la résignation des bénéfices ecclésiastiques ou des offices royaux, mais encore en matière d'hypothèques, et le président de Lamoignon proposait de dire que le bénéficiaire de la répudiation « entrerait dans l'hypothèque du renonçant. »

2° Cette théorie a été adoptée par le législateur de 1855. Les travaux préparatoires du projet de 1849 ont constamment assimilé la renonciation à la cession, et le même principe a été consacré par la loi nouvelle. L'art. 9 de la loi de 1855 ne mentionne séparément la renonciation et la cession que pour les confondre dans la désignation commune de subrogation.

Le second paragraphe de cet art. 9 ne laisse plus l'ombre d'un doute sur la volonté du législateur.

Les bénéficiaires de la cession et de la renonciation sont mis sur la même ligne puisqu'ils doivent exercer leurs droits suivant les dates des inscriptions ou mentions en marge. La cession et la renonciation sont donc complétement assimilées en ce qui touche les formalités dont elles sont entourées, leurs effets translatifs et la nature des droits dont elles investissent les créanciers.

3° L'interprétation que nous venons de donner est conforme à l'intention des parties. La femme, en renonçant à son hypothèque, n'a pu vouloir abandonner le droit de préférence qu'elle a contre les créanciers étrangers au contrat; et une renonciation purement abdicative n'atteindrait pas du tout le but que se proposait le stipulant. Il a voulu profiter de tous les droits qu'abandonnait la femme, et en tirer tout le parti possible, sans se préoccuper du sort des autres créanciers.

Ce caractère translatif que la commune intention des parties imprime à la renonciation *in favorem* paraît se dégager nettement des controverses sans nombre que cette question célèbre avait suscitée parmi les anciens auteurs. Olea s'est exprimé en ces termes : « Quoti... actus qui per viam simplicis « renuntiationis g. ritur, talis est ut ex eo contrahentes « finem suam non consequerentur, nisi renuntiatio « simul translativa juris esset, renuntiatio pro ces- « sione habetur. »

30. — Jusqu'à présent nous avons supposé que la renonciation était faite en faveur d'un créancier, il nous reste à nous demander si elle doit produire les mêmes effets lorsqu'elle est stipulée par l'acquéreur d'un immeuble grevé de l'hypothèque légale.

D'après un premier système qui a triomphé devant les Cours de Caen, d'Amiens et de Metz (arrêts du 17 mai 1838, du 2 avril 1852, du 3 mars 1853, du 13 décembre 1854) l'effet de la renonciation serait purement extinctif, et laisserait le prix de l'immeuble libre entre les mains du mari. La femme aurait abdiqué tout ensemble son droit de suite sur l'immeuble et son droit de préférence sur le prix. Le mari pourrait donc toucher le prix dû par l'acquéreur ou le transporter valablement au profit d'un tiers. Dans ce système, tous les tiers intéressés, notamment les cessionnaires du mari, pourraient se prévaloir de la renonciation et tirer profit d'un acte auquel ils sont restés étrangers. Cette raison nous parait décisive pour repousser la doctrine que nous venons d'exposer. La renonciation ne peut être invoquée que par le stipulant, elle est *res inter alios acta* pour les cessionnaires du mari.

31. — M. Pont s'est écarté du système précédent en ce qui touche les tiers restés étrangers à la renonciation. Une clause de ce genre ne doit, suivant cet auteur, avoir d'effet qu'entre la femme et l'acquéreur au profit duquel elle a renoncé.

Reste à savoir quel est l'effet qui devra se produire. D'après M. Pont, la renonciation éteindra l'hypothèque de la femme au profit du tiers acquéreur. L'extinction ne sera pas absolue en ce sens que la femme conservera ses droits hypothécaires au regard de tous autres que le stipulant. D'où il résultera que le droit de suite s'évanouira et que l'acquéreur sera mis à couvert de toute surenchère tant de la part de la femme que de la part des subrogés postérieurs à la vente. Le droit de préférence survivra au droit de suite, mais avec cette restriction que la femme ne pourra se remplir de ses reprises sur le prix de l'immeuble, que dans le cas où ce prix sera resté entre les mains de l'acquéreur.

Voici les principaux arguments invoqués en faveur de ce système.

1° L'art 9 de la loi de 1855 n'a prévu que le cas où la renonciation était faite en faveur d'un créancier. Il résulte des mots ordre et rang, employé par le second paragraphe de cet article, que la loi est restée tout à fait étrangère au tiers acquéreur, car, en ce qui le touche, il ne pourrait être question d'ordre et de rang.

2° Le concours de la femme à la vente du mari, ou le cautionnement qu'elle fournit au tiers acqué-reur, impliquent l'obligation de remplir les charges accessoires inhérentes à la convention principale. La femme, en renonçant à ses hypothèques, ne fait que se soumettre au principe posé par l'art. 1135 et accepter les suites, que « l'équité, l'usage et la loi donnent à l'obligation suivant sa nature. »

Si elle conservait son hypothèque elle paralyserait les droits qu'elle a entendu donner au tiers acquéreur. Il ne faut pas qu'elle retire d'une main ce qu'elle a donné de l'autre.

Mais, en renonçant à son hypothèque, elle éteint les droits qui seraient contraires à son obligation, elle ne les transfère pas. Elle subit les conséquences du con-trat principal, elle ne fait entrer de son chef aucun droit dans le patrimoine du tiers acquéreur. Du mo-ment où celui-ci jouit de la pleine propriété, il a atteint le but qu'il se proposait ; or une extinction de l'hypothèque suffit pour arriver à ce résultat.

3° Il est incontestable que dans le cas où l'immeuble vendu n'est grevé que de l'hypothèque légale de la femme, l'extinction pure et simple de cette hypothèque suffit pour mettre l'acquéreur à l'abri de toute espèce de trouble juridique. Il n'avait à redouter qu'une action hypothécaire de la part de la femme ; du mo-ment où cette action est devenue impossible, il n'a aucun intérêt à être investi de droits hypothécaires, désormais inutiles entre ses mains. Dans l'hypothèse particulière où nous nous plaçons, l'effet extinctif de la renonciation se présente avec une grande netteté et s'impose à ceux-là même qui soutiendraient qu'en principe la renonciation est translative lorsqu'elle est faite au profit d'un acquéreur.

32. — Dans le système que nous nous proposons d'adopter, la renonciation serait toujours translative, et aurait les mêmes effets qu'une cession d'hypothèque faite au profit du tiers acquéreur.

1° L'art 9 de la loi de 1855 ne distingue pas suivant que la renonciation est faite au profit d'un créancier ou d'un acquéreur ; mais cet article accuse nettement l'effet translatif de la renonciation qu'il met sur la même ligne que la cession.

Il serait extrêmement grave de soustraire la renonciation faite en faveur de l'acquéreur aux formalités de la loi nouvelle. En effet, le système que nous combattons, entraîne les deux conséquences suivantes .

La renonciation dont il s'agit pourrait être valablement faite par acte sous seing privé.

La transcription de l'acte devrait suffire pour avertir les tiers de la renonciation de la femme et mettre l'acquéreur à l'abri des subrogés postérieurs.

Nous examinerons ces deux questions quand nous nous occuperons des formalités de la subrogation ; nous nous contenterons, pour le moment, de formuler les deux objections suivantes :

Le législateur de 1855 a voulu protéger les femmes contre les dangers inhérents aux stipulations relatives à l'hypothèque légale, en exigeant la présence d'un officier ministériel pour cette espèce de conventions.

C'est aller contre l'esprit de la loi que de se contenter d'un acte sous seing privé.

En second lieu, la loi de 1855 a organisé, en ce qui touche l'hypothèque de la femme, un mode de publicité spécial aux cessions et renonciations ; et c'est détourner la transcription de son but que de vouloir la substituer à l'inscription, ou mention en marge, dont parle l'art. 9. Ajoutons à cela que, dans certains cas, la transcription serait insuffisante. Supposons, en effet, que la renonciation en faveur de l'acquéreur s'est faite par acte postérieur à l'acte de vente ; il est très-évident qu'alors la transcription n'apprendra rien aux tiers.

2° Le système opposé argumente de l'inutilité d'une translation d'hypothèque au profit de l'acquéreur, lorsqu'une simple extinction suffit pour le mettre à l'abri de tout danger.

Remontons au principe qui domine la matière des renonciations. Lorsqu'une personne abdique un droit en faveur d'un autre, il est bien entendu que le bénéficiaire doit pouvoir tirer de l'objet de la renonciation tous les avantages spéciaux dont il peut profiter. L'acquéreur a stipulé une renonciation de la femme, lui seul peut s'en prévaloir ; mais il n'entend pas seulement que l'hypothèque légale ne puisse plus désormais lui nuire, il veut aussi l'invoquer toutes les fois que son intérêt l'exigera. La volonté commune des deux parties est que des tiers restés étrangers à la convention ne puissent l'opposer ni à la femme ni à l'acquéreur. Or, n'est-il pas évident que l'acquéreur peut avoir souvent intérêt à se prévaloir de l'hypothèque de la femme à l'encontre des autres créanciers inscrits ?

L'acquéreur est évincé par suite d'une surenchère, ou bien il est obligé de délaisser, ou bien il a subi une expropriation. Dans ces divers cas, il pourra, dans notre système, arriver au même rang que la femme dans l'ordre ouvert sur le prix de l'immeuble. L'hypothèque de la femme sera précieuse entre ses mains, car elle lui permettra de se remplir des dommages-intérêts qui lui sont dus, s'il n'a pas encore payé le prix, et s'il l'a payé, des deux chefs de l'action en garantie.

3° Cet intérêt existe pour l'acquéreur, alors même que le bien ne serait grevé que de l'hypothèque de la femme. Sans doute, en pareil cas, l'hypothèque légale une fois éteinte, l'acquéreur paraît n'avoir à redouter qu'une revendication exercée par un tiers qui se prétendrait propriétaire. Or, si la propriété n'avait jamais résidé sur la tête du mari, l'hypothèque légale de la femme n'aurait jamais grevé le bien, et une cession translative ne serait pas plus utile à l'acquéreur qu'une renonciation purement extinctive. Mais nous n'avons qu'à supposer une cause d'éviction procédant d'un fait imputable au mari, et à placer ce fait entre la naissance de l'hypothèque et la date de la vente. L'hypothèque a eu une existence légale, et elle ne s'est pas éteinte en même temps que le droit de propriété que le mari a laissé échapper.

Qui ne voit que dans cette hypothèse l'acquéreur a tout intérêt à opposer l'hypothèque de la femme au demandeur en revendication.

Nous déciderons, en conséquence, que la renonciation est toujours translative, lorsqu'elle est faite au profit d'un acquéreur, aussi bien que lorsqu'elle est faite au profit d'un créancier.

En terminant cet examen des systèmes relatifs à la renonciation *in favorem*, nous croyons devoir rappeler que le principe de la liberté des conventions domine cette matière de la façon la plus absolue. Les différentes interprétations que nous avons proposées sont donc uniquement destinées à suppléer au silence des parties, et celles-ci peuvent, si elles le jugent convenable, réduire les effets de la renonciation à une extinction pure et simple de l'hypothèque de la femme.

33. — Nous avons établi, en principe, l'assimilation complète de la renonciation expresse et de la renonciation tacite, mais nous n'avons encore rien dit des différentes formes que cette dernière pouvait revêtir.

Il nous reste donc à résoudre les deux questions suivantes : 1° Quels sont les actes qui impliquent une renonciation tacite en faveur du créancier ; 2° Quels sont les actes qui impliquent une renonciation tacite en faveur de l'acquéreur.

34. — Supposons que la dette contractée par le mari ne soit garantie par aucune affectation hypothécaire ; le concours de la femme à l'acte d'emprunt ne fera pas présumer une renonciation. Le créancier ne pourra pas se prétendre subrogé à l'hypothèque de la femme, puisqu'il n'a pas même songé à s'assurer pour lui-même une hypothèque sur les biens du mari.

L'obligation personnelle et solidaire de la femme ne confère au créancier, que le gage résultant des art. 2092 et 2093, mais la totalité des biens de la débitrice répond de la dette comme si elle s'était engagée seule.

Mais il est impossible de conclure d'un acte de ce genre que la femme ait voulu donner une affectation spéciale aux droits hypothécaires qu'elle peut avoir contre son mari.

L'hypothèque légale continue à faire partie du patrimoine de la femme et rien ne prouve que celle-ci ait entendu la soustraire au gage commun de tous ses créanciers. Si donc le créancier qui aura obtenu une obligation solidaire des deux époux prétend se prévaloir de l'hypothèque légale de la femme, il ne pourra agir qu'en vertu de l'art. 1166, c'est-à-dire comme exerçant les droits de sa débitrice et devant subir le concours de tous les créanciers personnels de cette dernière.

Autre chose est, on le comprend, de suivre la voie oblique de la Paulienne, autre chose est d'agir directement à titre de subrogé.

35. — Un jugement de condamnation obtenu contre les deux époux ne modifierait pas la position du créancier. Ce jugement, en effet, confirme la créance sans en changer la nature; l'hypothèque judiciaire qui résulte de la condamnation fait naître un droit réel sur les biens immobiliers de la femme, mais ne donne pas de privilége sur les reprises mobilières qu'elle peut avoir à exercer. Un droit de préférence sur les reprises et sur l'hypothèque légale qui les ga-

rantit, ne peut être constitué que par voie de cession ou de renonciation.

36. — Dans le cas où la femme accède à une obligation hypothécaire consentie par le mari, elle renonce tacitement à son hypothèque légale en faveur du créancier. Peu importe qu'elle ait parlé dans la clause de constitution d'hypothèque ou qu'elle se soit contentée de s'obliger personnellement et solidairement avec son mari. Si le mari a été seul à figurer dans la partie de l'acte relative à l'affectation hypothécaire, c'est qu'étant seul propriétaire, il pouvait seul hypothéquer.

Mais il n'en est pas moins vrai que la femme a connu le contrat tout entier et qu'elle s'est obligée personnellement à l'exécuter. Elle ne peut rien faire qui nuise à une hypothèque dont elle a garanti l'exercice. Si elle essayait de se prévaloir de son hypothèque légale à l'encontre de cette créance elle serait repoussée par la maxime: « *Quem de evictione tenet actio, eumdem agentem repellit exceptio.* » En garantissant l'hypothèque du créancier, la femme renonce par cela même à la sienne, car elle ne peut pas reprendre d'une main ce qu'elle a donné de l'autre.

37. — Si cependant la femme n'accédait à l'obligation hypothécaire du mari que par acte subséquent, il serait difficile de voir dans un cautionnement de cette nature, une véritable renonciation.

La femme n'a pas comme dans l'hypothèse précédente donné sa sanction tacite à une hypothèque constituée sous ses yeux et dont elle ne pouvait pas ignorer l'existence. Ici, au contraire, il n'est pas question d'hypothèque dans l'engagement de la femme et nous ne pouvons y trouver, en dehors de toute présomption tirée des faits de la cause, qu'une simple obligation personnelle et ne conférant aucun droit réel.

38. — Lorsque la mère tutrice se remarie, doit-elle être censée avoir tacitement subrogé les enfants du premier lit à l'hypothèque légale qu'elle acquiert contre le second mari devenu co-tuteur ?

Le second mari, par le seul fait du mariage, confère une hypothèque légale aux enfants du premier lit. La mère tutrice figure, par conséquent, dans l'acte en vertu duquel le second mari constitue une hypothèque sur ses biens. Sans doute cet acte est d'une nature toute spéciale puisqu'il s'agit d'un mariage, mais il n'y en a pas moins fait volontaire de la part de la femme, et il n'y a pas lieu de distinguer entre le cas où la constitution d'hypothèque résulte d'un contrat formel, et le cas où c'est la loi elle-même qui rattache la naissance de l'hypothèque à tel fait déterminé.

Les enfants jouent le rôle de créanciers, la femme est personnellement obligée envers eux comme tutrice, et voilà qu'elle prend part à un acte en vertu duquel le second mari s'oblige envers les enfants et leur confère une hypothèque sur ses biens : d'où renonciation tacite de la part de la femme, et par conséquent subrogation.

39. Les solutions que nous avons données en matière de renonciation tacite ne sauraient être acceptées en ce qui touche les prêts hypothécaires faits par le crédit foncier.

L'art. 20 du décret du 9 avril 1852 est ainsi conçu:
« Lorsque la femme mariée est présente au contrat
« de prêt, elle peut, si elle n'est pas mariée sous le
« régime dotal, consentir une subrogation à son hypo-
« thèque légale jusqu'à concurrence du montant
« du prêt. Si elle ne consent pas à cette subroga-
« tion, et sous quelque régime que le mariage ait
« été contracté, le notaire l'avertit que pour con-
« server, vis à vis de la société, le rang de son
« hypothèque légale, elle est tenue de la faire ins-
« crire dans le délai de quinzaine.

« L'acte fait mention de cet avertissement sous
« peine de nullité. »

10. — Il va sans dire que si la présence de la
femme à un prêt hypothécaire suffisait comme nous
avons essayé de l'établir précédemment pour emporter
renonciation à l'hypothèque légale, la mise en demeure
dont parle l'article précité serait parfaitement inutile.
Mais la loi spéciale ne doit avoir aucune influence sur
les principes du droit commun ; le décret a voulu
faciliter les opérations du crédit foncier et ne laisser
aucun doute possible sur la volonté de la femme. Pour
arriver à ce résultat rien de plus simple qu'une
subrogation expresse.

Mais, nous le répétons, une législation exceptionnelle destinée à organiser une grande société de crédit et à lui conférer des priviléges considérables est
sans influence sur la matière qui nous occupe et ne
doit être invoquée ni directement ni par voie de
conséquence toutes les fois qu'on se trouve en dehors
des cas qu'elle a formellement prévus.

41. — Le concours de la femme à la vente d'un immeuble grevé de l'hypothèque légale, doit avoir, en principe, les mêmes effets qu'une renonciation expresse. En droit romain, la loi 11 Dig., *Quibus modis pignus solvitur*, décidait que, dans le cas où la femme consentait à ce que le mari constituât à sa fille une dot hypothéquée sur un bien déjà grevé de l'hypothèque légale, elle renonçait, par cela même, à cette dernière hypothèque. Ce fragment n'était, du reste, que l'application du principe général exprimé dans la loi 158. *Dig., de regulis juris.* « *Creditor qui permittit rem venire, pignus dimittit.* »

Nous ne trouvons aucun texte dans notre droit qui soit en contradiction avec les principes que nous venons de rappeler. Du reste, nous pourrions répéter, pour le cas où la femme concourt à une vente, les raisons que nous avons indiquées plus haut dans l'hypothèse où la femme figurait dans un acte emportant constitution d'hypothèque.

42 — Cependant, notre solution sera moins absolue en ce qui touche la participation de la femme à l'acte de vente. Il se peut très-bien que sa présence au contrat s'explique par un intérêt particulier qu'elle aurait à défendre; si donc elle est venue sauvegarder ses droits au lieu de les aliéner, il est exorbitant de présumer une renonciation de sa part. Toutes les fois que le concours de la femme à l'acte pourra se justifier par un tout autre motif que la volonté de garantir la vente il faudra dire qu'il n'y a pas eu renonciation tacite au profit de l'acquéreur.

CHAPITRE II

De la capacité requise pour que la femme puisse subroger à son hypothèque légale.

43. — Le législateur de 1855 a formellement manifesté sa volonté de n'apporter aucune innovation aux principes de notre droit, relatifs à la capacité de la femme mariée. Le changement de rédaction que la Commission a fait subir à l'art. 9 ne saurait laisser le moindre doute à cet égard.

Le projet du gouvernement portait : « Les femmes « ne peuvent céder leurs droits à l'hypothèque légale « ou y renoncer que par acte authentique, et les cession- « naires n'en sont saisis à l'égard des tiers que par l'ins- « cription de cette hypothèque prise à leur profit ou par « la mention en marge de l'inscription existante. »

La commission remania le texte et proposa de dire: « Dans le cas où les femmes peuvent céder leur hypo- « thèque légale ou y renoncer, etc.… afin de bien éta- « blir que la capacité de la femme mariée continuerait « à être régie par le Code Napoléon. »

Ce fut sous cette dernière forme que la loi fut votée par le Corps législatif.

44. — Nous n'avons donc à nous préoccuper que des principes généraux et des règles posées au titre du contrat de mariage pour rechercher sous quels régimes la femme pourra subroger à son hypothèque légale ou y renoncer.

Il est bien évident, au premier abord, que la capacité sera la règle et l'incapacité l'exception. Nous avons établi, au commencement de ce travail, que la femme mariée avait en principe le droit de subroger à son hypothèque et que ce droit ne pouvait lui être enlevé que par une clause restrictive de son contrat de mariage.

Nous n'avons donc qu'à nous demander en quoi les différents régimes matrimoniaux peuvent modifier la capacité de la femme en ce qui touche la subrogation.

Pas de difficulté possible pour la séparation de biens. Ce régime n'assujettit la femme qu'aux incapacités fondamentales qui sont inhérentes à l'état de femme mariée, et laisse par conséquent subsister le droit de subroger à l'hypothèque légale. Remarquons, du reste, qu'il sera bien rare que, sous ce régime, la femme ait à exercer des reprises contre son mari.

Pas de difficulté non plus pour le régime sans communauté tel qu'il est organisé par les articles 1530 et suivants. Nous ne trouvons dans ce genre de conventions matrimoniales aucune disposition légale qui prive la femme du droit d'aliéner ses reprises.

La femme ne pourra devenir incapable d'aliéner son hypothèque légale que si elle se soumet à certaines clauses restreignant la communauté de droit commun, ou si elle accepte le régime dotal.

45. — Supposons d'abord qu'une femme ait introduit dans la communauté légale une clause conçue en ces termes : « En cas de renonciation, la future « épouse se réserve le droit de reprendre son apport « franc et quitte de toutes charges par préférence à

« tous les créanciers de la communauté, en exemption
« de toutes les dettes sociales et ce, même pour le cas
« où elle se serait obligée avec son mari. »

Nous n'avons pas à nous demander si une clause
de ce genre est valable et s'il est possible de créer un
privilége par une convention matrimoniale. Nous
supposons le contrat inattaquable et nous nous de-
mandons si un pareil régime permettrait à la femme
de subroger à son hypothèque légale.

On a fait observer, dans le sens de l'affirmative, que
la femme pouvait engager ses reprises à titre de
garantie sans, pour cela, s'obliger personnellement. La
subrogation à l'hypothèque légale n'implique pas
toujours un engagement personnel et peut n'être
que l'accessoire d'une obligation principale contractée
par le mari : En admettant que le régime matrimonial rendit la femme absolument incapable de s'obliger
il ne lui enlèverait pas pour cela le droit de disposer
de ses reprises.

Qu'on ne dise pas que la femme ne pouvant s'obliger
sur ses reprises, elle ne peut, à plus forte raison, les
aliéner. Une obligation est souvent plus dangereuse
qu'une aliénation, parce que l'aliénation porte sa leçon
avec elle. D'ailleurs la femme dotale qui aurait stipulé
la faculté de vendre ses immeubles ne confère pas à
ses créanciers personnels de droits sur ces immeubles,
elle peut le plus, alors qu'elle ne peut pas le moins.
La faculté de s'engager sur un bien est tout à fait
distincte de la faculté d'aliéner ce bien ; les clauses
exorbitantes du droit commun doivent être strictement
interprétées et les incapacités ne se présument pas.

Dans le système contraire, on répond que la subrogation à l'hypothèque légale ne constitue pas une aliénation pure et simple, mais qu'une convention de cette nature présente un caractère essentiellement éventuel. La femme ne peut pas s'obliger personnellement, c'est la conséquence du régime que nous étudions; or en cédant son hypothèque légale ne se porte-t-elle pas caution de son mari? La subrogation à l'hypothèque légale n'est pas une aliénation définitive; la femme sait très-bien qu'elle reprendra l'exercice de ces droits dans le cas où l'obligé principal payera le débiteur. Mais faute de ce payement la subrogation entraîne les mêmes conséquences qu'un engagement personnel.

Le premier système suppose que la cession de l'hypothèque entraîne la cession des reprises, et déclare l'aliénation valable parce que la femme se dépouille *hic et nunc*. Cette interprétation est contraire à la volonté des parties. S'il est vrai de dire que la faculté d'aliéner son bien n'emporte pas toujours la faculté de s'obliger sur ce bien et réciproquement, il faut néanmoins tenir compte du but que s'est proposé la femme en se soumettant à une incapacité spéciale. Or, dans l'hypothèse où nous sommes, la femme a entendu reprendre son apport en cas de renonciation. Pour arriver plus sûrement à ce résultat elle s'est rendue incapable de s'obliger sur ses reprises; précaution illusoire, si elle pouvait les aliéner pendant le mariage.

16. — Si la femme commune avait stipulé que ses immeubles propres ne pourraient être aliénés que

sous la condition de bon et valable remploi dont les tiers acquéreurs seraient garants, faudrait-il décider qu'elle ne pourrait pas subroger à son hypothèque légale ?

En stipulant une clause de ce genre la femme se prive du droit d'aliéner directement ses immeubles, mais elle conserve la faculté de s'obliger. Les immeubles ne sont pas frappés d'une indisponibilité absolue, et tombent sous le gage commun des créanciers. Si donc la femme juge inutile d'exercer l'action révocatoire contre le tiers acquéreur qui aurait négligé de veiller au remploi, elle peut parfaitement céder à un tiers l'hypothèque légale qu'elle a contre son mari à raison du propre aliéné.

47. — Lorsque le législateur de 1855 a déclaré sa volonté de ne rien innover en ce qui touchait la capacité de la femme mariée, il a eu surtout en vue le cas où les époux seraient soumis au régime dotal.

Nous n'avons pas à rappeler ici la longue controverse qui s'est engagée au sujet de l'inaliénabilité de la dot mobilière. La jurisprudence s'est tant de fois prononcée en faveur de l'inaliénabilité, qu'alors même que cette solution ne nous paraîtrait pas irréprochable au point de vue des principes, nous devrions l'accepter comme un fait, et raisonner en conséquence.

Ajoutons même que cette jurisprudence était connue du législateur de 1855 et qu'elle a dû lui inspirer les réserves qu'il a faites relativement à la capacité de la femme. Si en effet la femme dotale avait pu subroger, il eût été difficile de prévoir les cas où la femme aurait été privée de cette faculté et de tenir compte *a priori* de clauses aussi exceptionnelles que celles dont nous nous sommes occupés en dernier lieu.

Le principe de l'inaliénabilité de la dot mobilière doit se concilier avec les pouvoirs du mari. Or il est évident que dans bien des cas la vente d'un meuble est d'une absolue nécessité et n'est autre chose qu'un acte de sage administration. L'indisponibilité de la dot mobilière n'a d'autre résultat que celui de priver la femme du droit de subroger à son hypothèque légale ou d'y renoncer. On ne peut empêcher le mari d'aliéner les meubles, mais il faut sauvegarder la femme contre les abus qu'il pourrait faire de ses pouvoirs ; or le seul moyen pratique d'arriver à ce but consiste dans l'indisponibilité des reprises hypothécaires. Le principe de l'inaliénabilité de la dot mobilière ne s'appliquera donc, d'une façon absolue, qu'aux droits de la femme garantis par l'hypothèque légale.

Quelques auteurs, notamment M. Troplong, ont soutenu que la femme dotale ne pourrait aliéner son hypothèque légale, alors même qu'en principe la dot mobilière serait aliénable. La femme ne pourrait, d'après ce système, aliéner son hypothèque parce qu'un droit d'hypothèque est essentiellement immobilier. Tous les immeubles dotaux sont grevés d'indisponibilité par l'art. 1554 du Code Napoléon, l'hypothèque est un immeuble, donc elle est inaliénable.

Nous n'avons pas à rechercher ici si l'hypothèque est un droit réel ou bien un démembrement de la propriété. Nous nous contenterons de dire que l'hypothèque est avant tout l'accessoire d'une créance. A ce titre, elle doit prendre la nature du droit principal. Si la créance est mobilière l'hypothèque le sera aussi ; et immobilière si la créance est immobilière. Nous ne pouvons admettre, en ce qui touche le droit de disposer, une distinction entre la créance et l'hypothèque qui la garantit. L'administrateur, qui aura le pouvoir de faire remise d'une dette hypothécaire, n'aura pas besoin de recourir à des formalités distinctes pour éteindre la dette et pour éteindre l'hypothèque.

Par cela seul qu'on peut disposer d'une créance principale, on peut disposer de tous les accessoires. Le maître de la créance est aussi le maître de l'hypothèque. Si la dot mobilière est aliénable, on ne peut pas enlever à la femme le droit de céder ses reprises matrimoniales.

Nous nous en tenons donc au principe de l'inaliénabilité, et nous pensons que c'est uniquement en vertu de ce principe, que la femme dotale ne peut pas subroger à son hypothèque légale.

Toutes les fois que la femme se trouvera dans les hypothèses prévues par les art. 1555, 1556 et 1558, elle pourra céder ses reprises hypothécaires, de la même manière qu'elle aurait pu aliéner ses immeubles.

Après séparation de biens, la femme dotale reprend la libre administration de ses immeubles et la faculté de disposer de son mobilier, mais elle ne peut pas subroger à son hypothèque légale. L'inaliénabilité du mobilier conserve l'étendue et les effets qu'elle avait avant la séparation, et prive toujours la femme du droit de céder ses garanties hypothécaires.

48. — Si le régime dotal est modifié par une clause

qui permet d'aliéner sans remploi tous les biens de la femme, celle-ci pourra subroger à son hypothèque légale. Sans doute, sous un pareil régime, les créanciers de la femme n'auraient pas le droit de se venger sur les biens dotaux, car le principal but du contrat de mariage est de soustraire cette classe de biens à leur gage commun. Mais la femme dotale a, dans l'hypothèse où nous nous plaçons, le droit d'aliéner ses biens. En disposant de son hypothèque légale, elle fait usage du droit qu'elle s'est réservé. Elle a introduit au contrat de mariage une dérogation formelle à l'inaliénabilité dotale et elle profite de cette dérogation.

Nous avons reconnu que dans les cas prévus par les art. 1555 et suivants, la femme pouvait subroger à son hypothèque légale. L'effet de la clause dont nous nous occupons est de donner aux époux le droit d'user à leur gré, et sans aucune formalité, de la faculté d'aliéner les biens dotaux, en dehors des circonstances exceptionnelles déterminées par le législateur.

49. — Si la faculté d'aliéner les biens dotaux est restreinte aux immeubles, nous proposerons la distinction suivante. Si la femme ne s'est pas réservé le droit d'hypothéquer les biens dotaux, l'inaliénabilité de droit commun continuera à grever la dot mobilière, et une logique rigoureuse nous conduira à déclarer impossible toute subrogation à l'hypothèque légale. Mais si la femme est capable d'hypothéquer ses immeubles propres, il paraît hors de doute qu'elle est aussi capable de céder l'hypothèque légale qu'elle a sur les biens du mari.

50. — Si la femme a des paraphernaux, elle peut

céder les reprises qu'elle aura à exercer à raison de ces biens. L'inaliénabilité de la dot n'est plus en jeu ; la femme reprend les prérogatives que lui donne le droit commun. Elle est, en ce qui touche les paraphernaux, dans la position que lui aurait faite un régime de séparation de biens.

51. — Si le régime dotal est accompagné d'une société d'acquêts, nous ne pensons pas que la femme puisse subroger à son hypothèque légale.

La société d'acquêts ne modifie nullement l'essence du régime dotal. Par cela seul qu'il n'y a aucune dérogation formelle aux principes de la dotalité, la femme reste incapable d'aliéner ses biens de quelque nature qu'ils puissent être. Dans le silence du contrat, il n'y a pas de distinction à faire suivant que les reprises de la femme proviennent de biens apportés en mariage, ou de droits à faire valoir sur la société d'acquêts. L'inaliénabilité subsiste avec toutes ses conséquences, la femme ne peut pas subroger à son hypothèque.

52. — Si une stipulation de dotalité partielle venait s'adjoindre à la communauté légale, la femme deviendrait incapable de céder toutes les reprises grevées d'inaliénabilité. Elle devrait, en ce qui touche ce genre de biens, être assimilée à la femme purement dotale, tout en restant soumise au droit commun pour les autres parties de son patrimoine.

Chacun des deux régimes produirait en même temps les effets qui lui sont propres.

On a, il est vrai, contesté la possibilité de fondre ensemble la dotalité et la communauté ; mais le principe de la liberté des conventions, qui domine la matière des contrats de mariage, ne peut laisser aucun doute à cet égard. Cette difficulté est du reste étrangère au sujet qui nous occupe et nous nous contentons de rappeler la solution la plus généralement admise.

Tout ce chapitre peut se résumer ainsi :

L'incapacité de subroger à l'hypothèque légale résulte toujours de l'inaliénabilité des reprises.

CHAPITRE III

Des formes de la subrogation à l'hypothèque légale.

53. — Nous avons déjà examiné, dans la première partie de ce travail, les différents actes qui pouvaient contenir une subrogation expresse ou impliquer, une subrogation tacite à l'hypothèque légale de la femme; nous n'aurons à nous occuper dans ce chapitre, que des formalités extrinsèques, auxquelles la loi subordonne la validité d'une cession ou d'une renonciation.

Il ne s'agit donc plus de savoir si la femme a voulu se dessaisir de son hypothèque, il s'agit uniquement de rechercher à quelles conditions de forme une stipulation de ce genre se trouve assujettie.

Les rédacteurs du Code Napoléon avaient à concilier deux intérêts également respectables. La femme ignorante du droit et incapable de veiller à la conservation de son patrimoine méritait une protection spéciale et devait être dispensée d'inscrire son hypothèque légale. D'un autre côté les nécessités du crédit social et la sûreté des transactions particulières exigeaient une publicité aussi étendue que possible.

L'hypothèque occulte, ce fléau de notre ancien droit, ne devait être admise que dans les cas où elle était imposée par une nécessité impérieuse.

S'il eut été souverainement injuste de demander à la femme, au mineur et à l'interdit, l'exécution de formalités qu'il leur était impossible d'accomplir, il ne fallait pas oublier que la société tout entière avait un intérêt de premier ordre à ce qu'une publicité aussi étendue que possible fut donnée à toute espèce de transactions hypothécaires.

Le Code Napoléon était allé beaucoup trop loin, en permettant au cessionnaire de la femme de profiter de la dispense d'inscription. Dès que l'hypothèque légale était passée entre des mains capables de la défendre, le grand principe de la publicité devait reprendre son empire.

Le vœu du législateur était que l'hypothèque légale fût inscrite, et du jour où il pouvait, sans injustice, transformer un simple désir en une disposition impérative, il ne devait pas hésiter.

La dispense d'inscription doit cesser aussitôt qu'elle n'a plus sa raison d'être. La femme devient-elle veuve? elle est affranchie de la dépendance maritale, elle doit gérer elle-même ses affaires, rien ne l'empêche plus de porter ses hypothèques légales à la connaissance des tiers. Les droits de la femme passent-ils entre les mains d'un cessionnaire : plus d'incapacité, plus de dispense d'inscription, l'intérêt public exige que les droits cédés ne restent plus occultes.

Ajoutons à cela que cette obligation d'inscrire tournait à l'avantage du cessionnaire lui-même. L'hypothèque de la femme restant occulte, les tiers ne pouvaient se rendre compte de l'étendue des droits auxquels ils se faisaient subroger. Rien ne les garantissait contre l'existence de cessions antérieures ; obligés de s'en rapporter à la bonne foi de la femme, les créanciers traitaient à l'aveugle. Au lieu d'acquérir la plus efficace des garanties ils s'apercevaient souvent, à l'ouverture de l'ordre, qu'ils n'avaient été subrogés qu'à des droits illusoires.

Une fois la subrogation faite, la dispense d'inscription était inutile pour la femme et dangereuse pour les cessionnaires; elle devait donc disparaître.

Si le Code Napoléon avait exagéré la protection due à la femme, en maintenant au profit des cessionnaires une dispense dont elle ne pouvait plus profiter, il ne l'avait pas suffisamment sauvegardée contre les dangers d'une subrogation irréfléchie. Un acte sous seing privé suffisait pour que la femme pût se dessaisir de ses droits hypothécaires en faveur des tiers.

Sous le manteau de la cheminée, elle pouvait donc facilement être victime de sa propre ignorance, ou des abus de l'influence maritale. L'intervention d'un officier public était nécessaire pour que la femme ne consentît qu'à bon escient un acte d'une portée aussi grave que la subrogation, et pour qu'elle ne fût pas soumise à la pression directe et immédiate du mari au moment où elle aurait abdiqué ses droits.

54. — Le législateur de 1855 a comblé avec la plus grande sagesse les lacunes du Code Napoléon.

Il a concilié, dans une juste mesure, les intérêts du crédit public, de la femme, et des tiers subrogés à l'hypothèque légale.

La femme jouira comme par le passé de la dispense d'inscription, pendant tout le temps où cette dispense pourra lui être utile ; elle sera en outre protégée contre les dangers d'une subrogation irréfléchie, par les formalités d'un acte authentique.

Les subrogés obligés d'inscrire l'hypothèque de la femme seront mis à l'abri de toute surprise et ne courront plus le risque d'être primés par des cessions antérieures et inconnues.

Tous les tiers enfin qui traiteront avec le mari ou ses héritiers n'auront plus à craindre l'hypothèque occulte, que dans les cas où la dispense d'inscription aura été rendue nécessaire par l'incapacité de la femme. Mais si la femme devient veuve, elle sera obligée d'inscrire dans l'année de la mort du mari : si elle consent une subrogation, les cessionnaires devront, sous peine de perdre leurs droits, porter immédiatement l'hypothèque légale à la connaissance des tiers.

55. — Telles sont, en ce qui touche le sujet qui nous occupe, les innovations contenues dans la loi de 1855.

Les grands principes de notre régime hypothécaire ont été maintenus, malgré les attaques dont ils avaient été l'objet en 1849 ; l'hypothèque légale est restée dispensée d'inscription, malgré les efforts qui avaient été faits, pour consacrer partout et toujours, la règle de la publicité. Il faut savoir gré au législateur de 1855 d'avoir su résister à de pareils entraînements ; il était impossible d'exiger de la femme qu'elle inscrivit son hypothèque.

La dispense d'inscription est consacrée par une tradition immémoriale, elle est entrée dans les habitudes du pays, elle est conforme à la position que les mœurs actuelles font à la femme mariée. Vouloir la proscrire, c'est peut-être favoriser le crédit public, et obéir aux règles rigoureuses de la logique, mais c'est à coup sûr apporter une perturbation immense dans les affaires, et se mettre en contradiction flagrante avec des idées enracinées en France, et les nécessités qui découlent des rapports conjugaux, tels qu'ils existent dans la société moderne. Or une loi, pour être utile et efficace, doit être en harmonie avec les habitudes de la nation qu'elle est destinée à régir. Le principe de la dispense d'inscription avait triomphé du reste dans le projet de 1849 et dans les discussions qui en furent la suite; il ne pouvait être soumis à une épreuve plus décisive, et on peut le considérer comme devant régir, pendant longtemps encore, notre législation hypothécaire.

Bien des innovations furent proposées en 1849; quelques-unes étaient d'une utilité fort contestable, mais on peut affirmer que toutes celles qui ont été recueillies dans la loi de 1855 étaient d'une absolue nécessité. Il y a loin sans doute, de cette loi si modeste dans ses prétentions, à ce projet de 1849 annoncé à grand fracas et qui devait en somme n'aboutir à rien ; au lieu de bouleverser de fond en comble tout un titre du Code, le législateur de 1855 s'est contenté d'édicter un petit nombre de dispositions qui, sans porter une atteinte profonde à notre régime hypothécaire, ont comblé les lacunes les plus regrettables du Code et perfectionné notre droit.

56. — En ce qui touche la subrogation à l'hypothèque de la femme, la loi de 1855 contient deux innovations capitales. La subrogation doit être faite par acte authentique et être inscrite ou mentionnée en marge, sur les registres du conservateur.

Avant d'examiner en détail ces deux conditions d'authenticité et de publicité, nous avons à nous demander si le législateur n'en a pas exigé d'autres.

La première question qui se présente naturellement à l'esprit est celle de savoir i toute subrogation ou renonciation à l'hypothèque légale de la femme est soumise aux formalités prescrites par les art. 2144 et 2145 du Code Napoléon.

Les partisans de l'affirmative peuvent invoquer quelques décisions de la jurisprudence, mais ce système paraît aujourd'hui définitivement abandonné. Lorsque le mari veut restreindre l'hypothèque générale de la femme à une partie de ses immeubles, pour reprendre la libre disposition du reste de son patrimoine, on comprend les formalités des art. 2144 et 2145. Les deux époux figurent seuls au contrat et le mari peut abuser de son influence. Aussi le législateur a-t-il sagement décidé que le consentement de la femme ne suffirait pas pour que l'hypothèque légale pût être restreinte, mais qu'il faudrait en outre l'avis des quatre parents les plus proches et l'homologation de la justice. La famille et le tribunal ont à examiner si la portion des biens que le mari veut affecter à l'hypothèque légale suffit pour garantir les reprises de la femme. La loi a voulu entourer de formalités une stipulation entre époux, et n'a pas permis que le mari, dans un intérêt personnel et exclusif, pût faire disparaître le gage de la femme.

La femme n'aurait pas pu convenir par contrat de mariage qu'elle n'aurait pas d'hypothèque, elle ne peut pas faire après ce qui lui était défendu avant.

En cas de subrogation ou de renonciation, les mêmes intérêts ne se trouvent plus engagés, et la question change de face. Il s'agit de savoir si la femme devra, ou non, se dessaisir de son hypothèque au profit d'un tiers. La position du mari n'est pas modifiée; ses biens continuent à être grevés de la même hypothèque; cette hypothèque change seulement de mains.

Elle n'est pas restreinte; elle est transféré, ce qui est bien différent.

C'est un acte d'aliénation que fait la femme, c'est une partie de son patrimoine qu'elle transfère éventuellement à un tiers. Or il est de principe qu'elle peut aliéner ses biens, avec le consentement de son mari; elle doit donc pouvoir disposer de ses droits hypothécaires, comme elle disposerait de ses propres. L'avis des quatre plus proches parents n'est requis que pour examiner la question de savoir si les biens, auxquels l'hypothèque est restreinte, suffiront à la garantir, mais la famille n'est pas compétente pour décider si la femme doit, ou ne doit pas, engager ses droits. Aucun texte de droit commun ne frappe les reprises hypothécaires d'indisponibilité.

On a prétendu que les art. 2144 et 2145 restaient

applicables, dans le cas où la femme n'était liée par aucun engagement personnel envers le subrogé. Mais cette circonstance que la femme n'est pas obligée sur tous ses biens ne modifie pas la nature du contrat. L'hypothèque légale n'est pas restreinte, elle est au contraire maintenue, puisqu'elle est transportée en d'autres mains.

Nous appliquerons la même solution au cas où la femme consent une renonciation extinctive au profit d'un créancier. Alors même que par une clause formelle, la renonciation profiterait à tous les créanciers du mari, elle ne pourrait dans aucun cas être invoquée par le mari lui-même.

Toutes les fois qu'il y aura subrogation ou renonciation, peu importe que la femme soit, ou ne soit pas, personnellement obligée ; peu importe que l'effet de la convention soit extinctif ou translatif : dès qu'il y a des tiers intéressés, nous ne sommes plus dans l'hypothèse prévue par les art. 2144 et 2145. Ces articles exigent deux conditions. Il faut d'abord qu'il s'agisse de la réduction d'une hypothèque générale en une hypothèque spéciale, et en second lieu que cette restriction soit faite pendant le mariage et au profit du mari seul.

57. — Il est donc bien entendu que les art. 2144 et 2145 sont étrangers à la matière qui nous occupe, en dirons-nous de même des articles 1690 et suivants ?

En d'autres termes, la subrogation devra-t-elle être signifiée au mari dans le cas où celui-ci ne l'accepterait pas par acte authentique ?

Nous avons déjà reconnu dans la première partie

de ce travail, que l'hypothèque pouvait être cédée indépendamment de la créance, et nous avons assimilé la cession d'antériorité à la cession d'hypothèque.

Cette doctrine une fois admise, il paraît bien évident que l'article 1690 ne peut être appliqué, dans tous les cas où l'hypothèque est détachée de la créance. En cédant l'hypothèque qu'elle a sur son mari, la femme ne modifie en rien la position de ce dernier. Elle continue à être sa créancière et peu importe au mari, que l'hypothèque qui garantissait les reprises de la femme ait passé en de nouvelles mains. L'art. 1690 ne s'applique pas à la transmission des droits réels, il s'agit dans l'espèce, d'une cession d'hypothèque, c'est-à-dire d'une opération pour laquelle l'art. 9 de la loi de 1855 a organisé un mode spécial de publicité.

Toutes les fois donc, que la stipulation intervenue entre la femme et un créancier se réduira à une cession d'hypothèque, il ne pourra pas s'élever le moindre doute sur l'application de l'art. 1690.

Cet article est spécial à la cession des créances, il est complétement étranger à la cession des hypothèques. En résumé, soit que la cession d'hypothèque isolée de la créance ait été stipulée formellement, soit qu'elle résulte d'une cession de priorité, soit enfin que la renonciation *in favorem* faite par la femme doive être interprétée en ce sens qu'elle ne porte que sur l'hypothèque et non sur les reprises, nous écarterons sans hésitation les formalités de l'art. 1690.

58. — En devra-t-il être autrement dans le cas où la femme cédera ses reprises en même temps que son hypothèque ?

Dirons-nous qu'il y a deux stipulations distinctes dans un contrat de ce genre ; que la cession de l'hypothèque sera régie par l'art. 9 de la loi de 1855, et la cession de la créance par l'art. 1690 du Code Napoléon.

Nous ne le pensons pas ; c'est la subrogation aux droits hypothécaires qui domine dans la convention intervenue entre la femme et le créancier ; nous irons même plus loin, et nous dirons que la subrogation à l'hypothèque de la femme est un contrat spécial, soumis à une publicité particulière, et qui ne se confondrait pas avec une cession de créance, alors même que l'hypothèque n'aurait pas été détachée des reprises.

La femme ne peut se dire créancière du mari qu'après la dissolution du mariage ; elle ne peut avoir avant cette époque que des droits purement éventuels. Quand nous étudierons les effets de la subrogation, nous essayerons de démontrer que l'hypothèque est soumise entre les mains du subrogé à toutes les causes d'extinction qui l'auraient anéantie, si elle était restée entre les mains de la femme.

Or le principal effet de la notification est de soustraire le nouveau créancier aux causes de compensation, qui pourraient éteindre la dette du chef du cédant. La subrogation diffère de la cession de créance, précisément en ce qui touche les causes qui rendent la notification nécessaire. Les deux contrats ont sans doute une grande analogie, mais ils sont loin de se confondre : la loi a organisé pour la subrogation une publicité spéciale, elle a entendu que cette publicité suffirait.

D'ailleurs, pourquoi une notification faite au mari ? La femme ne peut subroger sans son consentement, il est donc partie dans l'acte, il ne peut pas ignorer l'inscription prise sur ses biens.

Le législateur de 1855, en déclarant qu'il n'entendait modifier en rien la capacité de la femme, a réservé les pouvoirs que le mari tient du droit commun.

Il est de toute évidence que la femme ne peut subroger à son hypothèque sans l'autorisation du mari ou de la justice.

Cette condition est indispensable dans tous les cas, et il a été décidé avec juste raison, que la femme tutrice de son mari interdit, avait besoin d'une autorisation spéciale de la justice pour subroger à l'hypothèque légale. Peu importe qu'elle ait été habile, dans les termes du droit, à contracter un emprunt au nom de son mari interdit ; peu importe qu'elle ait obtenu les pouvoirs nécessaires, pour garantir l'emprunt par une affectation hypothécaire sur les immeubles de ce dernier ; le conseil de famille était sans qualité pour permettre à la femme de subroger le créancier hypothécaire ; la justice pouvait seule lui conférer une pareille autorisation.

59. — Nous allons examiner maintenant les deux conditions d'authenticité et de publicité qu'exige l'art. 9 de la loi de 1855.

Remarquons tout d'abord que cette dernière loi n'a pas reproduit la disposition de l'art. 2127 du Code Napoléon, aux termes duquel toute constitution d'hypothèque conventionnelle doit être faite par acte notarié. La loi de 1855 n'exige qu'un acte authentique ;

la femme pourra donc valablement subroger à son hypothèque légale, par acte consenti devant tout officier public ou tout juge compétent pour recevoir une convention de ce genre.

60. — Mais cette condition d'authenticité, exigée par la loi de 1855, devra-t-elle s'étendre au mandat donné par la femme à l'effet de consentir une subrogation ?

Cette question était déjà née à propos de la constitution d'hypothèque.

Deux arrêts de la Cour de Cassation, l'un du 27 mai 1819, l'autre du 5 juillet 1827, avaient décidé que le mandat de constituer hypothèque pouvait être valablement donné par acte sous-seing privé.

Les arguments invoqués en faveur de ce système reposaient sur les principes du mandat.

L'art. 1985 du Code Napoléon n'assujettit la validité du mandat à aucune forme sacramentelle. La preuve de ce contrat est régie par le droit commun, peu importe qu'il soit fait par acte authentique ou par acte sous-seing privé, la loi ne distingue pas.

Cette volonté du législateur se manifeste encore plus clairement à l'art. 1988. Cet article prévoit le cas d'un mandat donné à l'effet de constituer hypothèque, et ne prescrit aucune formalité. Le législateur se contente de proscrire le mandat général et d'exiger un mandat exprès ; s'il avait entendu subordonner la validité de l'acte à l'authenticité de la forme, il n'aurait pas manqué de le dire.

D'ailleurs l'esprit de notre droit est contraire aux solennités irritantes et aux entraves inutiles. C'est aller à coup sûr contre la volonté du législateur, que d'exiger, à peine de nullité, une formalité extrinsèque, en l'absence d'un texte positif.

Malgré les raisons spécieuses que faisaient valoir les partisans de ce système, la Cour de Cassation a cru devoir abandonner sa première jurisprudence et condamner les principes qu'elle avait d'abord adoptés. Deux arrêts, l'un du 7 février 1854, l'autre du 19 janvier 1864, ont décidé que le mandat à l'effet de constituer hypothèque devait toujours être donné par acte authentique.

Les raisons de décider sont absolument les mêmes en ce qui touche le mandat de subroger à l'hypothèque légale. Les deux questions sont si étroitement unies, qu'à proprement parler elles n'en font qu'une.

Raisonnons dans l'hypothèse d'un mandat de subrogation. La partie substantielle de tout acte est le consentement des parties. L'acte authentique passé par le mandataire de la femme ne manifeste pas, suivant la forme exigée par la loi, le consentement de la cédante.

Le système que nous combattons offre l'inconvénient grave de laisser en dehors des constatations authentiques la partie la plus essentielle du contrat, c'est-à-dire le consentement de la personne qui s'oblige. Le mandat n'est pas seulement un préliminaire du contrat de subrogation, il en est l'exécution partielle. La loi exige qu'un contrat soit passé en la forme authentique dans un esprit de protection pour la personne qui s'oblige. Si le consentement de cette personne se trouve soustrait à cette solennité, toute précaution de ce genre devient inutile. Le législateur de 1855 n'a pas voulu que la femme sacrifiât imprudemment ses droits hypothécaires, et a défendu toute subrogation par acte sous seing privé. Cette disposition devient illusoire, si nous permettons à la femme de faire indirectement ce qu'elle ne peut pas faire directement.

61.—Supposons maintenant que le créancier qui a traité avec la femme n'ait pas figuré dans l'acte de subrogation et n'ait accepté qu'après coup, exigerons-nous que cette acceptation se manifeste sous forme authentique? Ce serait à notre avis exagérer la pensée du législateur, que de tirer une pareille conséquence du principe posé par la loi de 1855. La subrogation à l'hypothèque de la femme, aussi bien que la constitution de l'hypothèque, est un acte unilatéral. Ce caractère unilatéral se manifeste surtout quand la renonciation est purement extinctive. Mais, alors même que la renonciation serait translative, on ne voit pas pourquoi le créancier serait obligé d'accepter par acte authentique. Une exigence de ce genre ne serait d'aucune utilité pour la femme, qui a été déjà suffisamment protégée, et n'aurait d'autre effet que celui d'imposer au créancier une formalité dénuée de tout intérêt pour les tiers.

62.— Nous venons de voir que la femme doit subroger ou renoncer à son hypothèque par acte authentique.

Telle est à nos yeux la portée de la loi de 1855. Si le consentement de la femme ne se manifeste pas sous cette forme, l'acte sera radicalement nul.

On a cependant soutenu que l'authenticité de la su-

brogation était exigée *ad probationem*, et non *ad so-
lemnitatem*. Les conséquences de cette doctrine sont
faciles à saisir ; une subrogation faite par acte sous-
seing privé sera opposable à la femme, et les tiers
seuls pourront se prévaloir du défaut d'authenticité.

Les partisans de ce système s'appuient sur une
phrase de l'exposé des motifs de M. Suin : « L'acte de
« subrogation doit être authentique puisqu'il doit
« servir de première base à une inscription qui ne
« peut se fonder que sur un acte solennel. »

Sans méconnaitre l'utilité d'un acte authentique, en
ce qui touche la formalité de l'inscription, nous ne
pouvons prouver que le législateur n'ait eu en vue
que cette conséquence secondaire de la forme authentique, lorsqu'il a édicté l'art. 9 de la loi de 1855.
Il ressort des précédents et des travaux préparatoires
de la dernière loi, qu'un des plus grands inconvénients
de la législation antérieure, provenait de l'impré-
voyante facilité avec laquelle les femmes se dépouil-
laient de leurs reprises hypothécaires.

La présence d'un officier ministériel, capable de les
éclairer sur les conséquences d'un acte aussi grave que
la subrogation, était le moyen le plus pratique de porter remède à l'abus que nous venons de signaler. Si
donc le législateur a exigé les formalités d'un acte authentique, c'est qu'il a voulu protéger la femme contre
sa faiblesse, son inexpérience, et contre les excès de
l'autorité maritale. Cette idée disparait complétement
dans le système que nous combattons. Si les tiers seuls
peuvent se prévaloir du défaut d'authenticité, la
femme pourra être, comme par le passé, victime des

pressions les plus dangereuses et des plus funestes entrainements.

63. — C'est en nous appuyant sur les mêmes principes, que nous repoussons toute espèce de distinction entre les différentes formes que pourra employer la femme pour se dessaisir de ses droits hypothécaires. On a soutenu qu'une renonciation, faite au profit de l'acquéreur d'un conquêt de communauté ou d'un propre du mari, pourrait résulter d'un acte sous seing privé. Mais c'est aller contre l'esprit de la loi que de permettre que la femme puisse, d'une manière quelconque, se dépouiller de ses droits hypothécaires sans avoir reçu la protection et la garantie que l'art. 9 a voulu lui donner.

Peu importe qu'il y ait cession, subrogation ou renonciation, peu importe que l'acte soit translatif ou extinctif il n'en est pas moins vrai que, dans tous les cas, la femme se prive du bénéfice de son hypothèque légale et qu'elle doit par conséquent être protégée par les formalités d'un acte authentique. Telle est la pensée fondamentale de l'art. 9, car il ne faut pas oublier qu'avant la loi de 1855 la subrogation à l'hypothèque légale de la femme pouvait toujours résulter d'un acte sous-seing privé.

64. — Passons à la formalité de l'inscription.

La loi de 1855 décide que les cessionnaires de l'hypothèque légale ne seront saisis à l'égard des tiers que par l'inscription de cette hypothèque, prise à leur profit, ou par la mention de la subrogation, en marge de l'inscription préexistante.

La trop grande concision du législateur a soulevé

un assez grand nombre de controverses au sujet de la disposition que nous venons de rappeler. L'art. 9 est loin de préciser la manière dont l'inscription sera faite, et les différents actes qui seront soumis à cette formalité. Nous allons essayer de suppléer au silence de la loi et d'appliquer les principes généraux qui régissent cette matière aux difficultés que l'inscription a fait naître dans la pratique et la jurisprudence.

Nous aurons à rechercher successivement : 1° quels sont les actes qui devront être inscrits ; 2° quelles personnes peuvent opposer le défaut d'inscription ; 3° quelles sont les formes de l'inscription ; 4° quelles personnes peuvent se prévaloir de l'inscription ; 5° quelle est la position faite par la loi nouvelle aux subrogés antérieurs au 1er janvier 1856.

65. — I. *Actes qui doivent être inscrits.* — Tous les actes par lesquels la femme se dessaisit de ses droits hypothécaires sont assujettis à l'inscription. Peu importe que la subrogation soit faite au profit d'un créancier ou d'un acquéreur ; peu importe que la subrogation soit expresse ou tacite. L'inscription est dans tous les cas nécessaire, alors même que la subrogation ne produirait pas ses effets ordinaires et que la volonté des parties la réduirait à une remise de gage, ou lui ferait produire une extinction absolue de l'hypothèque ; par cela seul que la femme se dépouille de ses droits, il faut que le stipulant inscrive l'hypothèque légale, ou fasse une mention en marge de l'inscription préexistante.

66. — En ce qui touche la subrogation faite au profit d'un créancier, pas de doute possible ni de con-

testation sérieuse, le texte de l'art. 9 est formel. Mais on a prétendu que la nécessité d'inscrire ne s'appliquait pas à une renonciation faite au profit d'un acquéreur, ou à une impignoration des reprises de la femme.

M. Mourlon a soutenu que dans le cas où l'immeuble vendu n'était grevé ni d'hypothèque conventionnelle, ni de subrogation antérieure, la renonciation de la femme était extinctive, absolue, et n'avait pas besoin d'être inscrite.

D'après cet auteur, les renonciations extinctives de l'hypothèque échapperaient au régime nouveau et produiraient tous leurs effets, même au regard des tiers, dès qu'elles seraient parfaites entre les parties qui les auraient stipulées ou consenties.

Pourquoi, dit M. Mourlon, inscrire une hypothèque éteinte et essayer de rendre la vie au néant ? ne serait-il pas étrange de voir l'acquéreur inscrire une hypothèque au nom d'un tiers, sur un immeuble, qu'il a précisément voulu prendre quitte de toute hypothèque.

Nous ne voulons pas revenir ici sur l'effet translatif ou extinctif de la renonciation. Supposons pour un moment la doctrine de M. Mourlon, complétement exacte en ce qui touche l'extinction de l'hypothèque de la femme ; reste toujours l'art. 9 de la loi de 1855. Cet article est général et embrasse toutes les stipulations susceptibles de présenter les inconvénients que le législateur a voulu écarter. Dans le système que nous combattons, la femme pourra offrir aux créanciers postérieurs, l'hypothèque légale qu'elle avait sur

l'immeuble aliéné, et rien ne viendra avertir ces derniers du piége qui leur sera tendu. La loi de 1855 a
été faite pour éviter des surprises de ce genre. Elle a
précisément voulu qu'une personne ne pût pas trafiquer d'un droit réel après l'avoir aliéné. Rappro-
chons l'art. 2 de l'art. 9. L'art. 2 soumet à la transcription des renonciations purement extinctives;
comment supposer que le législateur ait voulu édicter
une règle tout à fait différente, en ce qui touche l'inscription de l'hypothèque légale.

Si on objecte qu'à ce compte il faudrait inscrire
toutes les causes de compensation qui éteindraient les
créances de la femme contre le mari, et par conséquent l'hypothèque qui les garantit, nous répondrons
que la loi de 1855 ne s'est pas occupée des rapports
des époux entr'eux et qu'elle a euexclusivement en vue
les rapports de la femme avec les tiers.

67. — M. Beneeh, qui a tenté de ramener à une
remise du gage, toutes les stipulations de la femme
relatives à l'hypothèque légale, a essayé de soustraire
à la loi de 1855 un contrat qui a toutes ses préféren-
ces. La remise du titre et les formalités de l'impignoration suffiraient, d'après cet auteur, pour ensaisiner
le créancier gagiste et seraient pour les tiers une garantie suffisante.

Ce système ne tient pas compte de la loi de 1855
et des dangers qu'il s'agissait d'éviter. Dès que la
remise du titre n'empêche pas la femme de consentir
des subrogations postérieures, l'inscription devient
nécessaire. L'art. 9 ne fait pas de distinction entre les
différentes formes que peut revêtir le contrat de subro-

gation. Partout où le même danger se retrouve doivent se retrouver les mêmes précautions et les mêmes formalités.

68. — II. *Personnes qui peuvent se prévaloir du défaut d'inscription.* — L'inscription de l'hypothèque saisit les cessionnaires à l'égard des tiers. Quels sont les tiers dont a voulu parler l'art. 9?

Pas de difficulté pour les subrogés postérieurs, ils peuvent opposer le défaut d'inscription, c'est surtout pour eux que la loi a été faite.

Celui qui aura acheté des immeubles du mari pourra se prévaloir de l'art. 9 contre le subrogé, dans le cas où celui-ci attaquerait une purge ou un ordre, dans lesquels on n'aurait pas tenu compte de ses droits.

En général, toute personne qui n'aura pas été partie dans le contrat de subrogation sera un tiers dans le sens de l'art. 9.

69. — Mais les créanciers chirographaires de la femme ne pourront pas opposer à un subrogé le défaut d'inscription, parcequ'ils ont suivi la foi de leur débitrice et ne peuvent pas avoir plus de droits qu'elle-même. Ils sont des ayants-cause de la femme et non des tiers. Une cession faite par acte authentique est irrévocable à leur égard.

70. — Le mari et ses créanciers ne peuvent pas non plus se prévaloir du défaut d'inscription. Ils doivent subir l'hypothèque de la femme, peu leur importe la personne qui doit en tirer profit ; une subrogation ne peut en rien atteindre leurs intérêts.

71. — III. *Formes de l'inscription.* — Le créancier a été subrogé par acte authentique à l'hypothèque

de la femme ; quelles formes devra-t-il suivre pour porter son droit à la connaissance des tiers ? De deux choses l'une : ou bien la femme n'a pas fait inscrire son hypothèque, ou bien elle a accompli cette formalité.

Dans le premier cas, le subrogé fera inscrire à son profit l'hypothèque de la femme. La loi de 1855 ne s'est pas expliquée sur les différentes indications qu'une inscription de ce genre devra contenir. On a profité de ce silence, pour soutenir que l'inscription n'était assujettie à aucune forme sacramentelle et qu'elle serait valable, pourvu qu'elle mentionnât les éléments essentiels de la subrogation. Or dans un contrat de ce genre, il n'y a d'indispensable à connaître que le nom du subrogé, la nature et le montant de la créance, le nom du titulaire de l'hypothèque, et le nom du débiteur grevé de cette hypothèque. Si séduisante que puisse paraître cette suppression de toute formalité irritante, nous ne saurions accepter le système que nous venons d'exposer. La loi de 1855 ne s'est pas expliquée sur les détails de l'inscription, elle s'est par conséquent référée au Code Civil. Or une inscription n'est valable et ne peut produire ses effets, qu'à la condition de remplir les formalités exigées par l'art. 2153.

72. — L'hypothèque de la femme est déjà inscrite. — Une simple mention en marge suffira pour investir le subrogé de ses droits à l'égard des tiers. La loi ne s'est pas expliquée sur la manière dont cette mention devait être rédigée. Le Code Napoléon n'ayant parlé d'aucune formalité de ce genre, la mention sera va-

lable pourvu qu'elle contienne les éléments substan-
tiels de l'acte de subrogation.

73. — Le moyen que nous venons d'indiquer sera-t-il
le seul que pourra employer le subrogé, pour se conformer aux conditions de publicité exigées par la loi
de 1855 ?

Plusieurs difficultés se sont élevées à ce sujet.

Supposons d'abord que le subrogé ait quelques
doutes sur la validité de l'inscription préexistante
prise par la femme.

Il est incontestable que la mention en marge est
indissolublement liée à l'inscription préexistante. Si
cette inscription est nulle, la mention ne produit aucun
effet. Si même l'inscription, valable à l'origine, est près
d'être périmée par le délai de dix ans la mention, quoique beaucoup plus récente, ne vaudra plus, dès que
l'inscription sera éteinte.

Le créancier peut donc avoir tout intérêt, soit à
éviter les frais d'un renouvellement qui pourra être
prochain, si l'inscription de la femme a huit ou neuf
ans de date ; soit à se mettre à l'abri des causes de
nullité qui pourraient entacher l'inscription préexistante.

En pareil cas, ne serait-il pas prudent de sa part de
prendre à son profit une nouvelle inscription de l'hypothèque légale et d'agir comme si cette hypothèque
était restée occulte.

M. Mourlon lui a contesté ce droit et s'est appuyé
sur les considérations suivantes.

L'art. 9 de la loi de 1855 est formel et impératif
dans ses termes ; il prévoit deux hypothèses diffé-

rentes et assigne à chacune d'elles une formalité spéciale, sans laisser d'alternative au choix du créancier. Ou bien l'hypothèque légale est restée occulte, et alors le subrogé doit la faire inscrire à son profit; ou bien l'hypothèque a été inscrite, et alors il faut une mention en marge. Il n'y a pas là deux moyens de publicité livrés à l'arbitraire du créancier, il y a deux formalités parfaitement distinctes et s'appliquant chacune à une hypothèse différente.

Une pareille latitude laissée à un premier subrogé pourrait du reste devenir dangereuse aux subrogés postérieurs.

Supposons qu'un de ces derniers, sachant que l'hypothèque de la femme a été inscrite, requière du conservateur un état des mentions en marge. L'absence de toute mention de ce genre pourra induire le créancier en erreur et lui laisser ignorer les cessions antérieures.

Lorsque le premier subrogé a pris une nouvelle inscription en son nom et a laissé subsister dans sa teneur primitive l'inscription préexistante, sans l'accompagner d'une mention en marge, il encourt le reproche d'avoir permis qu'une hypothèque mensongère figurât sur les registres du conservateur.

Les rigueurs de ce système ont été universellement repoussées par la doctrine et par la jurisprudence.

L'art. 9 veut que les stipulations relatives à l'hypothèque de la femme soient inscrites sur les registres du conservateur. Peu importe que le subrogé prenne une inscription en son nom ou qu'il se contente d'une mention en marge ; par cela seul que les tiers pourront prendre connaissance de la cession ou de la renonciation, le vœu de la loi se trouvera rempli.

Les subrogés postérieurs commettraient une imprudence très-grave, en ne requérant du conservateur que l'état des mentions en marge. Ne se peut-il pas que la femme, après avoir cédé son hypothèque, la fasse inscrire en son propre nom. Dès lors le prétendu mensonge dont nous parlions tout à l'heure figurera sur les registres, sans qu'on puisse l'imputer à faute, au cessionnaire primitif. Aucune mention en marge ne révélera les stipulations dont l'hypothèque légale aura été précédemment l'objet. Les tiers ne seront complètement édifiés sur les droits de la femme, qu'à la condition d'avoir vérifié tout le passé de l'hypothèque légale. S'ils négligent cette précaution, ils ne devront s'en prendre qu'à eux-mêmes, des surprises dont ils pourront être victimes.

D'ailleurs ne serait-il pas souverainement injuste de lier le sort de la subrogation à la validité d'une inscription que le subrogé n'aurait pas prise lui-même. Peut-on imposer à ce dernier l'obligation de rester dans l'incertitude, ou bien de cumuler les deux formalités, et de prendre à la fois mention en marge et inscription nouvelle. Cette double formalité sera loin d'éclairer les tiers sur la position de la femme ; car ils auront peine à comprendre que la mention et l'inscription garantissent la même créance. Ce luxe de publicité entraînera beaucoup de frais et de lenteurs, sans profiter à personne.

74. — Nous avons supposé jusqu'à présent que le

subrogé prenait une inscription en son nom, ou qu'il
faisait mettre une mention en marge de l'inscription
préexistante ; il nous reste à nous demander s'il peut
se dispenser de l'une ou de l'autre de ces formalités.

La question s'est présentée à propos d'un créancier
hypothécaire du mari, et à propos de l'acquéreur d'un
immeuble grevé d'hypothèque légale. Nous allons
examiner les différentes solutions qui ont été proposées
pour ces deux hypothèses spéciales.

Il arrive fréquemment dans la pratique, que le
créancier du mari exige en même temps, que ce dernier lui constitue une hypothèque conventionnelle, et
que la femme consente à le subroger à son hypothèque
légale. Quels moyens de publicité devra-t-il employer
pour faire connaître cette subrogation ? Suffira-t-il
qu'il en fasse mention dans l'inscription de l'hypothèque conventionnelle, ou bien sera-t-il obligé de prendre deux inscriptions, l'une du chef du mari, l'autre
du chef de la femme. Faudra-t-il toujours deux bordereaux distincts, ou bien sera-t-il possible de prendre
cumulativement l'inscription de l'hypothèque légale
et de l'hypothèque conventionnelle ?

Trois systèmes ont été présentés: le premier se contente d'une simple mention, le second exige que l'inscription de l'hypothèque légale contienne les énonciations prescrites par l'art. 2153, mais permet de la confondre avec l'inscription de l'hypothèque conventionnelle, le troisième système enfin exige toujours deux
inscriptions distinctes et séparées.

Le premier système a été soutenu par M. Pont.
D'après cet auteur, l'art. 9 de la loi de 1855 n'exige

qu'une chose, c'est que l'existence de l'hypothèque légale soit portée à la connaissance des tiers; une inscription est nécessaire sans doute, mais nulle part les modes et formalités de cette inscription n'ont été spécifiés. C'est donc ajouter à l'art. 9 une rigueur inutile, que de subordonner la validité de l'inscription prise par le subrogé aux conditions de l'art. 2153. Une simple mention dans l'inscription de l'hypothèque conventionnelle avertit les tiers de la stipulation relative à l'hypothèque légale. Dès lors le but de l'article 9 se trouve atteint.

Comme nous avons étudié plus haut la question de savoir si l'inscription de l'hypothèque légale prise par le subrogé devait être conforme aux règles édictées en l'art. 2153, et que nous nous sommes décidés pour l'affirmative, nous n'avons pas à nous arrêter plus longtemps sur le premier système.

MM. Troplong, Blandin et Aubry et Rau soumettent l'inscription de l'hypothèque légale aux formalités de l'art. 2153, mais ils admettent la validité d'une inscription cumulative de l'hypothèque conventionnelle et de l'hypothèque légale.

Les tiers, d'après ce système, seraient suffisamment avertis de la subrogation, et ils ne pourraient se plaindre de ce que l'hypothèque légale de la femme n'aurait pas été inscrite, dès que les formalités de l'art. 2153 auraient été observées. Nulle part il n'est dit que l'inscription de l'hypothèque légale doit être isolée de toute autre. Quel préjudice pourra causer l'inscription cumulative? C'est toujours au nom du mari débiteur commun de la femme et du subrogé, que les recherches devront être faites sur le registre du conservateur. Or l'état des inscriptions, qui révèlera à la fois l'hypothèque conventionnelle et la subrogation à l'hypothèque légale, indiquera aux tiers bien plus clairement encore que tout autre mode de publicité les diverses stipulations qu'ils auront intérêt à connaître.

Trois arrêts de la Cour de Cassation l'un du 4 février 1856, l'autre du 1er juin 1859 et le troisième du 21 juillet 1863, paraissent avoir définitivement condamné le premier système.

Mais s'il est reconnu qu'une simple mention ne suffit pas, la difficulté qu'a fait naître l'inscription cumulative est encore bien loin d'être tranchée.

Nous nous arrêtons au système qui exige, dans tous les cas, deux bordereaux distincts et deux inscriptions séparées.

Pour que l'hypothèque légale puisse être valablement cédée, elle doit être inscrite ; ainsi l'exige la loi de 1855. Cette loi prévoit deux hypothèses : ou bien l'inscription a été déjà prise, et alors une mention en marge est suffisante ; ou bien cette formalité n'a pas été accomplie, et le créancier doit prendre inscription à son profit. Mais dans un cas aussi bien que dans l'autre, il faut une inscription, et comme la loi de 1855 n'a édicté aucune disposition relative à ce genre de formalité, il faut nous en référer aux règles contenues dans le Code Civil. Or la spécialité de l'inscription paraît être un des principes de notre régime hypothécaire. La loi a réglementé la manière dont les bordereaux devaient être faits, et nulle part elle n'indique la possibilité de prendre deux hypothèques différentes, par un seul et même bordereau. Il n'est pas possible de voir deux inscriptions valables, dans l'inscription cumulative prise par le créancier subrogé. Il y a, à n'en pas douter, une inscription de l'hypothèque conventionnelle et mention faite de la subrogation à l'hypothèque légale. Peu importe que cette mention soit sommaire ou qu'elle contienne les énonciations de l'art. 2153, peu importent ses formes et son étendue, il n'y en a pas moins simple mention, et non une inscription véritable, ainsi que l'exige la loi. Il nous est impossible de voir dans ce qu'on appelle une inscription cumulative autre chose qu'une inscription d'hypothèque conventionnelle, dans laquelle il est dit que le créancier s'est fait subroger à l'hypothèque légale.

D'ailleurs, le législateur de 1855 a voulu donner autant de publicité que possible aux stipulations relatives à l'hypothèque légale. C'est aller contre le but qu'il s'est proposé, que de ne pas détacher nettement l'inscription de l'hypothèque légale, sur les registres du conservateur.

Une opération aussi grave qu'une subrogation aux droits hypothécaires de la femme ne doit pas être perdue au milieu des nombreux détails d'une constitution d'hypothèque conventionnelle.

75. — Supposons maintenant que la femme ait renoncé à son hypothèque, au profit d'un tiers acquéreur. La transcription de l'acte produira-t-elle les mêmes effets qu'une inscription ?

En faveur du système qui juge la transcription suffisante, on a d'abord fait valoir le caractère extinctif de la renonciation faite au profit de l'acquéreur. Cette doctrine a triomphé devant le sénat, lorsque la difficulté lui a été soumise par voie de pétition. Le rapporteur, M. de Casabianca, s'est exprimé en ces termes :

« Quoique le texte de cet article (l'art. 9) puisse don-
« ner lieu à une double interprétation, cependant, à
« notre avis, l'obligation d'inscrire n'est imposée
« qu'au cessionnaire des droits de la femme. L'ins-
« cription hypothécaire suppose toujours une
« créance qu'elle a pour but de conserver ; mais
« lorsque l'hypothèque légale a été éteinte par
« renonciation de la femme et que cette renonciation
« a été rendue publique par la transcription du contrat
« authentique où elle a été stipulée, le nouveau pro-
« priétaire est libéré ; il n'a aucune autre formalité
« à remplir, on ne saurait l'astreindre à inscrire une
« hypothèque qui n'existe plus. »

Mais alors même que l'effet purement extinctif de la renonciation serait contesté, le premier système pourrait encore faire valoir les considérations suivantes.

La publicité de la transcription est le principal objet de la loi de 1855, et les subrogés postérieurs ne peuvent arguer de l'absence d'une formalité non substantielle, qui alors même qu'elle aurait été remplie n'aurait rien ajouté à la garantie donnée par la législation nouvelle.

Or l'acquéreur en transcrivant la clause de renonciation a satisfait à l'esprit de la loi, sinon à la lettre, car il a donné à son droit une publicité suffisante pour avertir les tiers.

Tout cessionnaire de la femme ne doit pas s'enquérir seulement de l'état des inscriptions; s'il ne consulte pas le registre des transcriptions, il est exposé à voir surgir une translation de propriété qui annihilera son hypothèque.

Remarquons, du reste, que l'acquéreur n'est pas un créancier, mais un propriétaire, et la situation fictive qu'il est obligé de prendre au règlement de l'ordre ne le dépouille pas de sa qualité véritable. On ne peut donc lui adresser sérieusement le reproche de n'avoir pas pris une inscription sur son propre bien.

Le système opposé oblige l'acquéreur à inscrire l'hypothèque de la femme, en même temps qu'il fait transcrire son acte d'acquisition.

L'art. 9 ne distingue pas suivant que la renonciation est faite au profit d'un créancier, ou qu'elle est faite au profit d'un acquéreur. Dans les deux cas le subrogé est obligé de faire inscrire; voilà le principe général.

Ajoutons à cela que les mêmes raisons de publicité se retrouvent dans les deux cas. Les subrogés postérieurs ont toujours intérêt à savoir que la femme s'est dépouillée de son hypothèque. Peu leur importe que le bénéficiaire d'une stipulation de ce genre soit un créancier ou un acquéreur.

Lorsque la loi a organisé un mode spécial de publicité, il est de principe que les parties n'y peuvent suppléer par des équivalents. C'est le registre des inscriptions qui est destiné à faire connaître les stipulations relatives aux droits hypothécaires de la femme, et le registre des transcriptions ne doit fournir des renseignements que sur les translations de propriété.

L'acquéreur au profit duquel la renonciation a été consentie est propriétaire, et à ce titre il doit transcrire l'acte de vente, mais il est aussi subrogé à l'hypothèque, et comme tel, assujetti à l'inscription. Ayant une qualité double, il est soumis à une double formalité. Or quand il est évincé, par une surenchère ou une expropriation, et qu'il se présente à l'ordre pour se faire remplir de ses droits hypothécaires, l'acquéreur disparaît en lui, pour faire place au cessionnaire de la femme. Il n'est plus qu'un créancier et c'est à ce titre que le défaut d'inscription peut lui être efficacement opposé.

76. — *Personnes qui peuvent se prévaloir de l'inscription.* — Maintenant que nous connaissons la manière dont l'inscription doit être faite, nous allons supposer cette formalité accomplie, et rechercher les personnes qui pourront s'en prévaloir.

Lorsque le créancier subrogé a pris inscription en son nom et à son profit, il peut seul tirer bénéfice de cette formalité. La femme ne peut en rien se prévaloir d'une inscription à laquelle elle est restée étrangère, et est passible de toutes les déchéances qu'elle peut encourir, pour n'avoir pas obéi aux prescriptons de la loi de 1855, ou des art. 2193 et 2194 du Code Napoléon.

Il en est de même des subrogés postérieurs; si ceux-ci se contentent d'une mention mise en marge d'une inscription prise au nom et au profit du premier créancier, ils ne donnent à leurs droits qu'une publicité insuffisante, et par conséquent nulle et de nul effet.

Si le créancier a pris inscription tant en son nom personnel qu'au nom de la femme, il y a lieu de distinguer, suivant que la femme s'était ou ne s'était pas obligée en même temps que son mari. Le subrogé qui n'avait pas la femme pour débitrice n'avait ni qualité ni intérêt pour sauvegarder les droits de celle-ci. Il nerentre pas dans la classe des personnes chargées par la loi de requérir inscription au profit de la femme, et celle-ci ne peut pas profiter d'une formalité à laquelle elle n'a pas pris part.

Mais si la femme s'est obligée personnellement envers le subrogé, celui-ci agissant en sa qualité de créancier a intérêt à sauvegarder les droits de sa débitrice. L'art. 1166 lui permet d'agir au nom de celle-ci, et lui confère un mandat tacite, suffisant pour prendre une inscription opposable à tous les intéressés.

Les subrogés postérieurs pourraient se prévaloir d'une pareille inscription, et main-levée n'en devrait pas être donnée sans le consentement de la femme.

Plaçons-nous maintenant dans l'hypothèse où le créancieraura pris une inscription au nom de la femme et ajouté une simple mention en marge. Rien dans le texte de l'inscription n'indique que cette formalité ait été accomplie à la requête et au profit du créancier. Dès lors tous les intéressés pourront s'en prévaloir ; car il ne sera pas permis aux tiers de rechercher en dehors du texte de l'inscription la preuve que cette formalité n'a pas été remplie par la femme elle-même.

77. — *Position particulière des subrogés antérieurs au 1ᵉʳ janvier 1856.* — Il était généralement admis

avant la loi de 1855, que la subrogation à l'hypothèque légale pouvait résulter d'un acte sous seing privé ; mais il s'était élevé une assez vive controverse sur la question de savoir si les cessionnaires étaient assujettis à la formalité de l'inscription.

On disait dans le sens de l'affirmative, que la dispense d'inscription ne pouvait se justifier que par l'incapacité de la femme, et n'avait plus de raison d'être lorsque l'hypothèque légale était passée aux mains d'un tiers subrogé.

On faisait ressortir aussi les dangers qu'entraînait la subrogation occulte, et on insistait sur l'intérêt qu'avaient les créanciers à connaître l'état des cessions antérieures, et à être prémunis contre les déclarations souvent mensongères des deux époux.

Ces arguments, excellents en législation, étaient contraires aux principes du Code Napoléon. La dispense d'inscrire était attachée, non à la personne de la femme puisqu'elle passait à ses héritiers, mais à la nature et à la qualité de la créance garantie par l'hypothèque légale. La femme transmettait aux tiers autant de droits qu'elle en avait elle-même, et leur conférait, par conséquent, la dispense d'inscrire l'hypothèque cédée.

Enfin cette nécessité d'inscrire distinctement un droit spécial sur l'hypothèque de la femme était contraire aux principes de l'art. 778 Pr. qui répartit les collocations comme choses mobilières, et constituait une violation de la règle : *hypotheca hypothecæ non datur*.

Aussi cette dernière doctrine avait-elle fini par triompher, après quelques hésitations de la jurisprudence.

7 .—Reste à savoir maintenant si la loi nouvelle n'a imposé aucune obligation spéciale aux subrogés antérieurs au 1er janvier 1856 ?

La femme devenue veuve est tenue de faire inscrire son hypothèque dans l'année ; imposerons-nous la même formalité aux subrogés antérieurs à 1856.

Au premier abord, l'art. 11 de la loi nouvelle paraît trancher la question en faveur de la négative, car il décide que les subrogations antérieures à 1856 ne seront pas régies par l'art. 9 de la loi de 1855, et continueront à être soumises à la législation en vigueur à l'époque où elles auront reçu date certaine.

L'art. 8, qui impose à la femme l'obligation d'inscrire dans l'année qui suit la mort du mari, n'a aucun rapport avec les subrogations, et ne s'applique qu'à la conservation de l'hypothèque au profit de la femme.

Il est bien vrai que l'art. 6, assujettit à l'inscription les ayants-cause de la femme, mais ce mot d'ayants-cause se trouve placé à côté du mot héritier, et ne peut désigner que les successeurs irréguliers, donataires, légataires, et non les subrogés antérieurs à 1856.

Enfin, il faut remarquer que les cessionnaires de la femme peuvent parfaitement ignorer la mort du mari, ou ne l'apprendre que longtemps après qu'elle est arrivée. Ils se trouveront, par conséquent, dans une position plus défavorable que celle de leur cédante ; car la femme aura toujours devant elle une année pleine et entière, pour faire inscrire son hypothèque.

Le système que nous venons d'exposer repose sur une confusion entre deux hypothèses bien distinctes.

Si le mariage dure encore, et que la femme ait le droit de maintenir son hypothèque occulte, on comprend sans peine que le cessionnaire, ayant été mis au lieu et place de la cédante, ne puisse pas être assujetti à des formalités, qui n'incombent pas à cette dernière. A l'époque où la subrogation a été consentie, la femme pouvait investir le créancier de tous les droits qu'elle avait elle-même; la loi ne pouvait, sans injustice, porter atteinte à une convention de ce genre et enlever au subrogé une partie des droits qui étaient conservés à la subrogeante. La position de la femme n'a pas été modifiée pour tout le temps que dure le mariage, il doit en être de même de la position du subrogé. Telle est la véritable portée de l'art. 11.

Mais une fois le mariage dissous, la femme est obligée de faire inscrire son hypothèque ; pourquoi le cessionnaire conserverait-il plus de droits que n'en conserverait la cédante? Mis aux lieu et place de la cédante, il ne peut pas invoquer une dispense d'inscription dont la cédante ne profite plus. Le législateur n'encourt pas le reproche de rétroactivité, lorsque, sans modifier l'essence du contrat primitif, il assujettit la conservation d'un droit à certaines formalités. Dès que la loi ne fait pas au subrogé une condition pire que celle de la femme, le subrogé ne peut pas se plaindre. Il a les mêmes droits que la cédante, mais il ne conserve pas une prérogative dont celle-ci ne jouit plus.

Le subrogé est, quoiqu'on en puisse dire, un véritable ayant-cause de la femme, et à ce titre, il tombe sous le coup de l'art. 8 de la loi de 1855. Il est même plus que tout autre l'ayant-cause de la femme, en ce qui touche l'hypothèque cédée. Il doit subir toutes les causes d'extinction qui auraient anéanti l'hypothèque si elle était restée entre les mains de la femme; pourquoi serait-il à l'abri de la déchéance spéciale prononcée par l'art. 8 de la loi de 1855?

Nous ne voulons pas assujettir précisément le subrogé antérieur à 1856 à toutes les formalités de l'art. 9. Nous nous contentons de dire : le subrogé ne conservera ses droits, que si la femme conserve les siens.

Si donc c'est la femme qui a fait inscrire dans l'année de la mort du mari, le bénéfice de la subrogation est assuré au cessionnaire, sans qu'il ait besoin de faire mention en marge. De même, l'ordre des inscriptions prises par les subrogés antérieurs à 1856 n'exercera aucune influence sur leurs droits respectifs. En un mot le subrogé exercera tous les droits que lui avaient assurés les contrats primitifs, pourvu que d'une manière quelconque, l'hypothèque légale de la femme se trouve conservée.

79. — La transcription arrête le cours des inscriptions des subrogés postérieurs au 1er janvier 1856; mais elle ne porte pas atteinte aux droits des subrogés antérieurs à la loi nouvelle.

Partant du principe que la loi de 1855 n'a pu modifier le contrat qui a mis le créancier aux lieu et place de la femme, nous accorderons au subrogé le droit de s'inscrire, nonobstant toutes transcriptions, pendant le délai de deux mois dont parle l'art. 2194. C. N.

80. — Il serait à désirer que les formalités pres-

crites par la loi de 1855 fussent applicables aux stipulations relatives à toute espèce d'hypothèques,
mais malgré tous les avantages que présenterait une
pareille extension, il nous est impossible de méconnaitre que le législateur n'ait en en vue que la subrogation consentie par la femme mariée.

Il serait par conséquent arbitraire d'exagérer la
portée d'une loi toute spéciale et d'assujettir aux conditions d'authenticité et de publicité que nous ve-
rons d'étudier les transactions qui portent sur toute
autre hypothèque que celle de la femme. Les stipulations de ce genre continueront à être soumises aux
règles du droit commun et ne seront nullement régies
par la loi de 1855.

CHAPITRE IV

Des effets de la subrogation

81. — La solution des principales difficultés que
nous aurons à examiner dans ce chapitre dépend des
principes que nous avons établis dans la première
partie de ce travail. Les effets que la subrogation doit
produire résultent de la nature juridique de cette
stipulation. En étudiant la question de savoir si l'hypothèque était susceptible d'être cédée indépendamment de la créance, nous ne nous sommes pas engagé
dans une controverse de théorie pure; nous avons
essayé d'établir le principe fondamental sur lequel
repose toute la subrogation. Partant de cette idée que
l'hypothèque n'était pas indissolublement liée à la

créance, nous avons pu ramener à un type uniforme les différentes stipulations qui ont pour objet
l'hypothèque légale de la femme mariée.

Peu importent les termes employés par les
parties et les modalités différentes que le contrat peut
affecter; il y a toujours subrogation, c'est-à-dire substitution d'un tiers à la personne de la femme. Le
principal effet de la stipulation est de faire passer l'hypothèque de la femme entre les mains du subrogé, et
de permettre à ce dernier de se faire colloquer dans
l'ordre, aux lieu et place de la femme.

Mais cette transmission est loin d'être définitive, elle
est au contraire soumise à une double éventualité.

D'une part la femme ne se dépouille qu'au profit du
stipulant, et entend reprendre l'exercice de ses droits
hypothécaires dans le cas où le subrogé sera désintéressé
soit par le mari débiteur principal, soit par elle-même
si elle s'est personnellement obligée.

D'un autre côté, comme le cessionnaire ne peut
acquérir plus de droits que n'en avait la cédante, l'hypothèque restera soumise entre les mains du subrogé
à toutes les causes d'extinction qui l'auraient anéantie
si elle était restée dans le patrimoine de la femme. La
cession de l'hypothèque isolée de la créance ne peut
en rien modifier l'étendue, la durée et les conditions
d'existence, que présentait l'hypothèque au moment
où elle avait été constituée. D'où il résulte, que le sort
de l'hypothèque continuera à être lié au sort de la
créance, bien que les deux droits ne soient plus dans
la même main.

Le subrogé ne pourra donc exercer les droits hypothéeaires de la femme, qu'à une double condition. Il faudra d'abord qu'à la liquidation de la société conjugale, la femme soit encore créancière du mari ; il faudra, en second lieu que l'hypothèque légale ait été conservée suivant les formes prescrites par la loi de 1855.

Nous venons de rappeler les principes ; il ne nous reste plus qu'à en déduire les conséquences, pour déterminer les principaux effets de la subrogation.

Nous diviserons cette matière en quatre parties :

1° Causes d'extinction qui anéantissent l'hypothèque entre les mains du subrogé. — 2° Effets de la subrogation faite au profit du créancier. — 3° Effets de la subrogation faite au profit du tiers acquéreur.— 4° Effets de la subrogation par rapport à la femme.

82. — I. *Causes d'extinction de l'hypothèque entre les mains du subrogé.* — Supposons que la liquidation de la société conjugale constitue la femme débitrice de son mari: dans le système que nous avons adopté, l'hypothèque légale s'éteint avec la créance qu'elle garantit ; et du moment où la femme n'a plus de reprises à exercer, la subrogation devient nulle et de nul effet. Le créancier n'a entre les mains qu'un droit éventuel et subordonné au résultat d'une liquidation future ; il est mis aux lieu et place de la femme et ne peut se faire colloquer que dans la mesure des droits hypothécaires que la subrogeante a conservés.

83. — Le caractère éventuel de la cession faite au profit du subrogé a été vivement contesté par les jurisconsultes qui soutiennent que l'hypothèque ne

peut pas être détachée de la créance. Dans ce système, toute subrogation vaut cession des reprises et confère aux créanciers un droit actuel et irrévocable. Ce n'est plus l'hypothèque seule, qui est cédée et qui reste soumise à toutes les causes d'extinction qui peuvent atteindre la créance restée entre les mains de la femme. Il y a un véritable transport de droit commun, dont l'effet est d'investir le cessionnaire de la créance en reprises et de le mettre à l'abri des causes de compensation ou de confusion qui éteindraient la créance du chef de la femme.

Tout en contestant que la subrogation à l'hypothèque entraîne dans tous les cas une véritable cession des reprises, nous avons admis que la volonté commune des parties pourrait, dans certains cas, donner une portée aussi étendue à une stipulation de ce genre. Mais nous maintenons en principe, qu'à défaut de clause formelle, la subrogation n'a d'autre effet qu'une transmission de l'hypothèque détachée de la créance et que si la créance vient à s'éteindre entre les mains de la femme, l'hypothèque cédée disparaît. Nous allons nous placer dans l'hypothèse où la femme a voulu céder ses reprises en même temps que son hypothèque, et nous demander si le subrogé est investi d'un droit irrévocable et est mis à l'abri des causes d'extinction qui auraient atteint la créance, si elle était restée entre les mains de la femme.

Les partisans de l'affirmative établissent tout d'abord la distinction suivante.

Les droits que la femme cède à un tiers sont les uns définitifs, les autres conditionnels. Les premiers produisent au profit du subrogé un effet irrévocable du moment où la cession est parfaite ; les autres ne peuvent être transmis, qu'avec les modalités dont ils sont affectés. Lorsque la créance de la femme est subordonnée au parti qu'elle prendra à la dissolution de la communauté, il est bien évident que le droit du cessionnaire sera tenu en suspens jusqu'à l'accomplissement de la condition, et que, si la condition vient à défaillir, la créance sera censée n'avoir jamais existé. Supposons au contraire que la cession a porté sur une reprise dotale ayant une existence certaine et définitive au moment où l'acte est passé.

La créance est pure et simple, elle est irrévocable, et à ce titre, le subrogé en sera investi, sans qu'aucune cause de compensation puisse l'atteindre entre ses mains. Autre chose, en effet, est l'accomplissement d'une condition qui affecte un droit dans son essence et décide la question de savoir si le droit a ou non existé, autre chose est une cause d'extinction qui vient anéantir un droit actuel et définitivement acquis.

Si donc on se place dans l'hypothèse d'une cession qui porte sur une créance dotale pure et simple, le droit commun des art. 1295 et 1298 reprendra son empire, et le subrogé sera à l'abri de toute cause de compensation provenant du chef de la femme. « Le débiteur « qui a accepté purement et simplement la cession « qu'un créancier a faite de ses droits à un tiers ne « peut plus opposer au cessionnaire la compensation « qu'il eut pu avant l'acceptation opposer au cé- « dant. » (Art. 1295). Aucun texte formel n'établit de dérogation à cette règle, pour les créances appartenant à la femme ; le subrogé aura donc acquis un droit irrévocable, quand il aura été investi d'une créance pure et simple.

Le système que nous venons d'exposer ne tient pas compte de la position respective de la créancière et du débiteur. Il est impossible d'assimiler la reprise dotale, fut-elle pure et simple, à une créance de droit commun. Les créances de la femme contre le mari sont toujours des créances à terme, ajoutons même à terme incertain, puisqu'elles ne sont exigibles qu'à la dissolution de la société conjugale. Or on sait qu'il n'y a pas loin d'un terme incertain à une condition. De plus, les deux époux ne peuvent à leur volonté faire cesser les pouvoirs d'administration que la loi a donnés au mari. Il existe donc entre eux une cause perpétuelle de créances et de dettes qu'il ne leur appartient pas de faire disparaître. Le mari, administrateur forcé, des biens de la femme, se voit donc obligé de devenir son débiteur, s'il lui échoit des biens mobiliers ; son créancier, si la conservation de ses propres exige quelque grosse réparation ; il y aura des changements incessants dans la situation respective des deux époux et il ne sera possible de savoir lequel des deux est débiteur de l'autre, qu'au moment où la société conjugale sera liquidée. On ne peut pas sans injustice priver le mari débiteur forcé de sa femme, des causes de compensation qui pourront le libérer dans la suite. Soutenir que la femme est créancière pure et simple de certaines reprises dotales et peut en investir les tiers irrévocablement, c'est ne tenir aucun compte, ni du terme incertain qui affecte toutes les créances entre époux, ni de cette circonstance que jusqu'à l'arrivée du terme, le mari, pouvant devenir débiteur malgré lui, ne doit pas être privé du bénéfice de la compensation.

On ne saura donc qu'au moment de la liquidation, si la femme est créancière ou débitrice de son mari, et les droits du subrogé ne seront définitifs, que dans le cas où la femme aura des reprises à exercer.

Les deux systèmes que nous venons d'exposer aboutissent à la même solution dans le cas où la femme a stipulé, qu'en cas de renonciation elle reprendrait son apport franc et quitte, et a subrogé un tiers à l'hypothèque provenant de ce chef. Si elle accepte la communauté, les droits du subrogé s'évanouissent. Dans un système, on dira que les reprises cédées étaient conditionnelles et qu'elles sont censées n'avoir jamais existé, par suite de l'effet rétroactif de l'acceptation ; dans l'autre système on dira que la femme n'ayant plus de créance, le subrogé ne peut pas avoir d'hypothèque.

84. — Une difficulté plus sérieuse se présente dans l'espèce suivante: une femme commune en biens a subrogé un tiers à l'hypothèque légale qu'elle avait sur un conquêt ; le tiers conservera-t-il ses droits, lorsque le partage fera tomber le conquêt dans le lot de la femme ?

Ce problème suppose résolue la question de savoir si la femme a une hypothèque légale sur les conquêts de communauté. L'affirmative paraît aujourd'hui définitivement admise, soit que la femme accepte, soit qu'elle renonce. Mais en cas d'acceptation, la femme conserve-t-elle son hypothèque légale sur la part des conquêts, qui est tombée dans son propre lot?

La solution de cette difficulté est sans intérêt pour la femme à laquelle il importe peu d'avoir hypothèque sur son propre immeuble, mais on comprend sans peine, combien il sera avantageux pour le subrogé de ne pas voir le sort de son hypothèque subordonné aux hasards du partage.

Le premier système s'appuie sur l'effet déclaratif du partage, pour décider que l'hypothèque légale ne grève plus les conquêts tombés dans le lot de la femme. La femme, dit-on, n'a pu acquérir une hypothèque sur sa propre chose, et comme elle était copropriétaire des conquêts, avant la dissolution de la communauté, elle est censée avoir été propriétaire exclusive des biens qui entrent dans son lot, depuis le jour où ils ont été acquis.

Le raisonnement qui précède cessera d'être exact, si l'on considère la communauté comme un être moral, distinct de la personne du mari, et de celle de la femme. La femme est, dans cette doctrine, l'ayant-cause de la communauté, et comme l'hypothèque légale a grevé les conquêts dans le patrimoine de la communauté, ces biens ne sont pas libérés quand ils passent dans de nouvelles mains.

Mais alors même que nous n'admettrions pas que la communauté fut une personne morale ayant une vie propre, il nous resterait toujours la ressource de dire, que le cessionnaire d'une hypothèque ne saurait perdre son droit, par cela seul que le cédant devient propriétaire de l'immeuble grevé.

Les termes généraux des art. 2121 et 2135 frappent d'une hypothèque légale tout l'actif immobilier du mari. La femme a un droit indivis sur les conquêts; cela nous paraît incontestable, mais il n'en est pas moins vrai que le mari peut hypothéquer cette espèce de biens, comme s'il en était propriétaire exclusif. Les hypothèques conventionnelles que le mari consent sur les conquêts continuent à les grever lorsqu'ils tombent dans le lot de la femme. Il en sera de même d'une hypothèque judiciaire pris. sur tous les immeubles du mari.

Si la femme est obligée de respecter les constitutions hypothécaires, dont les conquêts se trouven grevés du chef du mari, pourquoi distinguer suivant que l'hypothèque naît d'une convention, d'un jugement, ou de la loi elle-même? L'effet déclaratif du partage ne peut pas plus anéantir une hypothèque légale qu'une hypothèque conventionnelle. La femme est, en ce qui touche l'hypothèque, une ayant-cause du mari, et du moment où la cession qu'elle aura consentie mettra obstacle à une confusion, rien n'empêchera le subrogé d'exercer ses droits sur le conquêt tombé dans le lot de la subrogeante.

85. — Tout en admettant que la réunion sur la même tête des qualités de propriétaire et de créancier hypothécaire n'entraîne pas l'extinction de l'hypothèque, nous n'en dirons pas de même, pour le cas où la même personne se trouvera être à la fois la créancière et la débitrice. Une pareille confusion éteint la dette et par conséquent l'hypothèque.

Supposons que les héritiers du mari soient aussi les

héritiers de la femme et acceptent purement et simplement les deux successions ; toutes les créances en reprises seront éteintes par confusion et les subrogés ne pourront plus se prévaloir de l'hypothèque légale.

La Cour d'Orléans a sanctionné cette décision, dans son arrêt du 16 mars 1849, décision inattaquable du reste, si l'on admet la possibilité de céder l'hypothèque indépendamment de la créance. Il est impossible en effet de comprendre comment l'hypothèque pourrait vivre d'une vie qui lui fut propre, et subsister après l'extinction de la créance. Ces deux droits peuvent passer chacun en des mains différentes, mais ils n'en sont pas moins unis par des liens intimes, et le principal venant à disparaître, l'accessoire ne se soutient plus.

86. — L'hypothèque peut dans certains cas disparaître, alors même que la créance subsisterait. Supposons la subrogeante mariée avec un commerçant ; la faillite de celui-ci porterait-elle atteinte aux droits du subrogé ? Evidemment oui, parceque l'art. 563 Co. restreindra l'hypothèque légale aux biens dont le mari était propriétaire à la célébration du mariage et à ceux qui lui sont advenus depuis, par donations entre-vifs ou par succession. Cette réduction atteindra l'hypothèque entre les mains du cessionnaire, parce que l'art. 563 édicte une modalité inhérente aux droits hypothécaires de la femme du commerçant.

87. — Il n'en serait pas de même si la réduction, au lieu d'être prononcée par la loi, était demandée par le mari et acceptée par la femme, suivant les formes prescrites par les articles 2144 et 2145 du Code Napo-

léon. Si l'hypothèque cédée ne porte que sur un immeuble déterminé, le subrogé n'aura pas à se plaindre, pourvu que cet immeuble ne fasse pas partie des biens laissés libres, entre les mains du mari. Mais si la subrogation est générale, la femme ne pourra pas violer la loi du contrat et diminuer par son fait les sûretés promises au créancier. La femme après la subrogation n'est plus maîtresse de son hypothèque, et elle ne peut pas restreindre sans le consentement des cessionnaires un droit qui ne fait plus partie de son patrimoine.

88. — II. — *Effets de la subrogation consentie au profit d'un créancier.*

Examinons maintenant les effets de la subrogation, en ce qui touche le subrogé.

Le subrogé mis aux lieu et place de la femme doit établir l'existence et la quotité des créances que celle-ci peut faire valoir contre son mari. C'est au subrogé qu'incombe le fardeau de la preuve et il ne peut profiter de son hypothèque, que suivant la mesure et l'étendue des créances restées entre les mains de la femme.

Mais peu importait que les biens grevés d'hypothèque légale fussent encore dans le patrimoine du mari à l'époque où la subrogation a été consentie. Lorsque la cession d'hypothèque a été générale, le subrogé peut faire valoir ses droits, aussi bien sur les immeubles que le mari avait aliénés avant le contrat, que sur ceux qu'il a acquis dans la suite. Il suffit qu'un immeuble ait été une fois atteint par l'hypothèque légale pour que le subrogé puisse le suivre en quelque main qu'il ait passé.

89. — Il arrive le plus souvent que la subrogation est consentie en faveur d'un créancier hypothécaire du mari; et l'on a dû se demander, si la perte de l'hypothèque conventionnelle entrainait déchéance de la subrogation. La Cour de Paris s'est décidée pour l'affirmative dans son arrêt du 24 août 1853. Mais cette doctrine repose à notre avis sur une idée erronée; la Cour de Paris a pensé que la renonciation tacite résultant du concours de la femme à un acte d'emprunt, avec affectation hypothécaire de la part du mari, était simplement abdicative et n'équivalait qu'à une cession de rang.

Le système de l'arrêt du 24 août 1853 réduit arbitrairement l'effet de la convention intervenue entre les parties. La femme, en consentant une subrogation, n'a pas voulu seulement assurer au créancier le libre exercice de l'hypothèque conventionnelle constituée par le mari, elle a cédé son hypothèque légale, elle a conféré et transmis un droit qui lui était personnel. Le créancier a tout ensemble, une hypothèque spéciale sur un immeuble du mari, et une hypothèque légale qu'il tient de la femme; aucune connexité intime n'existe entre ces deux droits, et l'extinction du premier n'entraîne pas l'extinction du second. Le subrogé pourra, après avoir perdu l'hypothèque conventionnelle, se prévaloir de l'hypothèque légale, dans tous les cas où la femme pourrait s'en prévaloir elle-même.

90. — Jusqu'à présent nous n'avons supposé qu'une seule subrogation; il nous reste à examiner les effets de plusieurs subrogations successives.

Trois cas peuvent se présenter ; les différentes subrogations portent sur l'intégralité de l'hypothèque ; ou sur une portion aliquote de l'hypothèque, ou enfin sur l'hypothèque résultant d'une reprise déterminée.

Si les subrogations successives embrassent l'hypothèque tout entière, il est hors de doute que les subrogés primeront la femme. Celle-ci cède son hypothèque et devient créancière chirographaire d'une somme égale au montant de la créance du subrogé ; la femme avait par exemple une hypothèque garantissant une reprise de cent mille francs ; elle la cède au subrogé dont la créance s'élève à 50,000 francs. Tout se passe comme si la femme avait divisé son hypothèque en deux parties, la première de 50,000 francs qui passera aux mains du subrogé et la seconde de 50,000 francs aussi, qui continuera à garantir les reprises matrimoniales. La femme sera primée par le subrogé et ne sera dans ses rapports avec lui qu'une créancière hypothécaire inscrite au second rang pour 50,000 francs, et une créancière chirographaire pour 50,000 francs.

Si la femme consent une nouvelle cession, elle sera pour les mêmes raisons primée par le second subrogé et ainsi de suite.

91. — L'ordre des subrogés entre eux sera déterminé par le rang de leurs inscriptions. Mais ici s'élève une difficulté ; que déciderons-nous dans le cas où deux inscriptions auront été prises le même jour ?

L'art. 2147 dit « que les créanciers exercent en concurrence une hypothèque de la même date, sans distinction entre l'inscription du matin et celle du soir, quand cette différence serait marquée sur les registres du conservateur. »

Les raisons qui ont fait édicter cet article se retrouvent en matière de subrogation. Ajoutons à cela, que notre système ne repose pas seulement sur un argument d'analogie. Le législateur de 1855, en soumettant à l'inscription les subrogations à l'hypothèque légale, n'a pas statué sur la manière dont cette formalité serait remplie. Il a donc entendu se référer aux principes du Code Civil, en matière d'inscription.

L'art. 2147 est applicable à l'hypothèque légale inscrite au nom du subrogé, aussi bien que l'art. 2153. L'art. 9 fournit enfin un argument de texte à notre système ; la loi dit : « les dates des inscriptions déterminent l'ordre, » deux inscriptions du même jour ont même date, elles doivent par conséquent concourir.

92. — Le créancier ne peut, d'après l'art. 2151, faire colloquer au rang du capital que les intérêts de deux années et de l'année courante ; mais cette disposition ne s'applique pas à l'hypothèque légale, et ne peut pas être opposée à la femme.

Si donc, les reprises garanties par l'hypothèque cédée étaient productives d'intérêts, les subrogés pourraient se prévaloir de l'extension donnée aux droits de la subrogeante.

L'accumulation des intérêts dus à la femme fera grossir l'hypothèque entre les mains des cessionnaires, et ils pourront opposer aux tiers un droit plus considérable que celui dont ils avaient été d'abord investis.

Les tiers, en effet, n'auront aucune raison pour limiter l'hypothèque cédée, parce que la femme prendrait ce que les subrogés n'obtiendraient pas.

93. — Supposons maintenant que la femme ait cédé une portion aliquote de son hypothèque ; quels seront les effets d'une pareille stipulation ?

La question n'offre pas de difficultés sérieuses, dans le cas où la femme ne s'est pas personnellement obligée envers le subrogé. La moitié de l'hypothèque légale a été cédée à Primus ; celui-ci ne pourra exercer les droits de la femme, que jusqu'à concurrence de moitié, et il se présentera à l'ordre avec la subrogeante, sur le pied d'une parfaite égalité.

Si la femme cède à un second subrogé l'autre moitié de son hypothèque, celui-ci concourra de même avec le premier. Aucun des deux ne pourra reprocher à l'autre le défaut d'inscription, car peu leur importera de concourir avec un cessionnaire ou avec la subrogeante.

Cette solution est du reste admise par les partisans du système en vertu duquel la cession de l'hypothèque légale vaut toujours comme cession des reprises.

Mais si nous supposons que la femme se soit personnellement obligée envers le subrogé, nous rencontrons tout d'abord une difficulté sérieuse. Le principe : « *quem de evictione* » sera-t-il applicable au contrat dont nous nous occupons ? Raisonnons d'abord en admettant que la cession de l'hypothèque vaille cession des reprises.

La femme qui se sera obligée personnellement

envers le subrogé, et qui lui aura cédé la moitié de ses reprises, sera dans la même position qu'une personne qui aurait cédé la moitié d'une créance privilégiée, avec clause de fournir et faire valoir. Dès lors la femme en concourant avec le subrogé mettrait obstacle au payement d'une dette qu'elle aurait garantie et serait écartée en vertu du principe : « *Quem de evictione tenet actio eumdem agentem repellit exceptio.* »

La solution du conflit devient beaucoup plus délicate dans le cas où le premier subrogé n'est plus en présence de la femme mais d'un second cessionnaire.

On dit dans un premier système :

La femme ne peut transmettre au second cessionnaire, que les droits qu'elle a conservés. Or, en s'obligeant personnellement envers le premier subrogé, elle a renoncé à concourir avec lui. Les droits dont elle s'est dépouillée ne sont plus susceptibles de cession et le second subrogé, mis aux lieu et place de la femme, devra respecter, comme elle l'eut fait elle-même, la priorité acquise au subrogé antérieur.

Mais on peut répondre en faveur du second cessionnaire, que si la femme était privée du droit de concourir avec le premier subrogé, c'est parce qu'elle était personnellement obligée envers lui. Le premier subrogé n'avait acquis aucun droit réel sur la portion d'hypothèque que la femme s'était réservée. Le droit de concours était donc paralysé entre les mains de la femme, par suite de l'obligation de garantie qu'elle avait contractée, et cette nécessité d'abstention n'était motivée que par la position personnelle de la cédante.

Or une obligation de garantie ne se transmet pas

à un ayant-cause à titre singulier ; c'est une charge qui grève tout le patrimoine de la cédante et qui n'est pas inhérente à la portion d'hypothèque, qu'elle s'est réservée.

Le second subrogé n'est pas tenu des obligations personnelles de la femme, il est investi d'un droit réel qui lui confère les mêmes avantages qu'au premier subrogé.

Ajoutons enfin, que si la cession de l'hypothèque n'est autre chose qu'une cession des reprises, l'inscription ne jouera qu'un rôle secondaire dans les rapports des subrogés entre eux et qu'il faudra s'attacher surtout à l'ordre suivant lequel les cessionnaires auront rempli les formalités prescrites par les articles 1690 et suivants.

Toutes les difficultés que nous venons d'examiner disparaissent presque complétement dans le système qui reconnaît que l'hypothèque peut être cédée indépendamment de la créance.

Peu importe que la femme se soit personnellement obligée envers le subrogé. La femme qui aura cédé la moitié de son hypothèque sera dans la même position, que si ayant deux hypothèques sur deux immeubles différents elle avait transféré l'une d'elles à un tiers. Les deux moitiés d'hypothèque ont chacune une vie distincte et séparée, l'une est entre les mains de la femme, l'autre entre les mains du créancier. Cette idée que la femme est cédante d'une moitié de créance privilégiée et tenue à la garantie de fournir et faire valoir disparaît complétement dans notre système. La femme n'a pas cédé une créance, elle a transféré un droit réel. Elle devra par conséquent, dans tous les cas, concourir avec le subrogé. Ce droit sera, il est vrai, le plus souvent illusoire, puisque le créancier exerçant les actions de sa débitrice pourra se venger sur la part d'hypothèque qu'elle aura conservée. Mais il n'agira que par la voie oblique de l'art. 1166, il invoquera seulement sa qualité de créancier de la femme, et ce ne sera pas comme cessionnaire d'une moitié de l'hypothèque, qu'il se procurera le bénéfice de l'autre moitié.

Si donc en principe la femme peut concourir avec le premier subrogé, le second subrogé mis aux lieu et place de la cédante aura les mêmes droits qu'elle.

Aucun des deux subrogés ne pourra opposer à l'autre le défaut d'inscription. A quel titre en effet se prévaudraient-ils de l'art. 9 de la loi de 1855 ? Comme subrogés ils sont sans intérêt, parce que l'hypothèque ayant été partagée en deux, chacun est en réalité investi d'une hypothèque différente ; d'un autre côté comme créanciers de la femme ils ne peuvent avoir, en ce qui touche le défaut d'inscription, un droit qui n'appartient pas à leur débitrice.

94. — Examinons maintenant le cas où la femme cède une hypothèque provenant d'une créance déterminée. Le rang entre deux créanciers subrogés à la même hypothèque sera déterminé par l'ordre des inscriptions.

Mais si la femme cède deux hypothèques qui garantissent des créances différentes et proviennent, l'une d'une succession échue pendant le mariage, l'autre d'une reprise dotale, l'ordre des inscriptions deviendra indifférent et celui des deux cessionnaires qui aura une hypothèque préférable passera toujours avant l'autre.

95. — Le droit des subrogés, étant subordonné à la condition que la femme reste créancière de son mari, ne peut s'ouvrir qu'à la dissolution de la société conjugale. Si cependant le mari tombait en faillite ou en déconfiture, le subrogé pourrait en vertu de l'art. 1446 obtenir immédiatement le bénéfice de l'hypothèque cédée, alors même que la femme ne se serait pas personnellement obligée.

Supposons maintenant que par le fait du mari ou d'un acquéreur, un ordre s'ouvre pendant le mariage, sur certains biens grevés de l'hypothèque légale. Comme la femme n'a qu'une collocation éventuelle dont elle ne peut pas toucher le montant, le subrogé n'exercera pas plus de droits que la subrogeante.

96. — Les articles 2163 et 2164 accordent au débiteur grevé d'une hypothèque générale le droit d'en demander la réduction. Néanmoins le mari ne pourra pas invoquer le bénéfice des articles précités, contre les subrogés à l'hypothèque légale. Le législateur en effet, a soustrait l'hypothèque de la femme au droit commun des art. 2163 et suivants, en organisant la réduction toute spéciale des art. 2144 et 2145. Le mari ne peut pas opposer l'art. 2163 à la femme, il ne peut pas par conséquent l'opposer aux subrogés.

97. — III. *Effets de la subrogation faite au profit d'un tiers acquéreur.* — Nous avons déjà vu que la femme pouvait subroger un tiers acquéreur à son

hypothèque légale ; mais nous n'avons pas encore étudié les effets de cette convention.

Au premier abord, l'acquéreur semble n'avoir pas grand intérêt à avoir une hypothèque sur son propre immeuble et paraît à l'abri de toute espèce de trouble, dès que la femme a renoncé aux droits qu'elle pouvait faire valoir contre lui.

Cet intérêt de l'acquéreur se manifeste cependant dans le cas où il est évincé par des créanciers hypothécaires du mari. Alors il ne sera sûr de se remplir des deux chefs de l'action en garantie, que s'il peut se prévaloir de l'hypothèque de la femme.

98. — En dehors de cet intérêt, l'acquéreur peut profiter de la subrogation, en ce qui touche la formalité de la purge.

Si le mariage de la femme est postérieur au 1er janvier 1856, la purge est sans utilité. La transcription arrête le cours des inscriptions, et toutes les subrogations à l'hypothèque légale qui n'ont pas été rendues publiques deviennent nulles et de nul effet.

Mais si le mariage est antérieur à 1856, la transcription ne met pas l'acquéreur à l'abri des subrogations qui ont reçu date certaine avant cette époque. En pareil cas, le droit des subrogés reste entier quoiqu'il soit occulte, et la purge seule peut en débarrasser l'immeuble vendu.

Quelles formalités devra donc suivre le tiers acquéreur ?

Il devra d'abord, dans tous les cas, prendre inscription en son nom, de l'hypothèque légale de la femme, car la transcription de l'acte de vente ne suffirait pas pour lui assurer le bénéfice de la subrogation.

En second lieu le tiers acquéreur devra faire les notifications des articles 2183 et 2184 aux subrogés qui se seraient fait inscrire avant la transcription.

Si l'hypothèque de la femme ne se révèle par aucune inscription, l'acquéreur devra remplir les formalités des art. 2193 et 2194. Il s'adressera en pareil cas à la femme, bien que celle-ci se soit dépouillée définitivement de son hypothèque et soit sans intérêt pour agir dans la procédure de purge. Mais les subrogés antérieurs à 1856, ayant tenu leurs droits occultes, sont réputés avoir donné mandat à la femme de recevoir en leur nom les notifications prescrites par la loi.

99. — IV. *Effets de la subrogation par rapport à la femme.* — Nous avons examiné successivement les effets produits par la subrogation, en ce qui touche les créanciers et les tiers acquéreurs ; nous allons rechercher maintenant sous quels rapports la position de la femme se trouve modifiée, par la cession de l'hypothèque légale.

La première question qui se pose est celle de savoir dans quelle mesure les droits hypothécaires de la femme se trouvent diminués par suite de la subrogation.

Lorsque le cessionnaire de l'hypothèque n'a pas le mari pour débiteur, et qu'il se fait colloquer sur un immeuble de ce dernier, les sommes qu'il touche à titre de subrogé réduisent d'autant les reprises de la femme. Il est bien évident qu'en pareil cas, le mari se libère d'une partie de sa dette entre les mains de l'ayant-cause de sa femme.

Si le mari était personnellement obligé envers le subrogé, les droits de la femme se détermineraient d'après la distinction suivante. Ou bien le mari a payé le créancier de ses propres deniers, et alors la femme qui n'a cédé son hypothèque que sous la condition que le mari n'acquitterait pas la dette reprend le plein et entier exercice de ses droits, tels qu'ils existaient avant le contrat ; ou bien le cessionnaire s'est fait rembourser en exerçant l'hypothèque légale sur un immeuble du mari, et c'est une diminution corrélative à opérer dans la créance hypothécaire de la femme.

La femme a donc été privée d'une partie de son hypothèque et a perdu par contre-coup la collocation à laquelle elle avait droit. Mais comme elle est réputée s'être engagée seulement à titre de caution, et qu'en fait elle a payé la dette de son mari, la créance qui naît de ce chef ne reste pas chirographaire et est garantie par une hypothèque légale, qui prend rang du jour où l'obligation de la femme a été contractée.

D'où il résulte, que dans le cas où le subrogé aura retiré l'émolument d'une partie de l'hypothèque légale, la femme ne pourra plus se prévaloir à l'encontre d'un tiers acquéreur, de l'intégralité de l'hypothèque qu'elle avait à la date du mariage, pour sa dot et ses conventions matrimoniales.

100. — Lorsque le créancier du mari, cessionnaire de l'hypothèque légale, se fait payer sur la collocation afférente à la femme, celle-ci peut profiter de la subrogation de droit commun, qu'elle trouve dans l'art. 1251.

La femme a payé la dette de son mari, en vertu d'une obligation solidaire qu'elle avait contractée ; elle satisfait par conséquent aux conditions de l'art. 1251 et se trouve subrogée par la loi à tous les droits du créancier désintéressé. Sans doute elle a déjà l'hypothèque légale à dater du jour de l'obligation, que l'art. 2135 lui donne pour avoir servi de caution à son mari, mais il lui sera souvent avantageux de profiter des garanties spéciales qu'avait le créancier.

Celui-ci avait par exemple une hypothèque sur les biens du mari avant d'avoir exigé que la femme lui cédât l'hypothèque légale. L'hypothèque conventionnelle qu'avait le créancier est alors préférable à celle que donnerait l'art. 2135.

Il se peut même qu'une purge ou que la déchéance prononcée par l'art. 8 de la loi de 1855 privent la femme de toute hypothèque légale et ne lui laissent d'autre ressource, que les garanties spéciales qui appartenaient au créancier désintéressé.

101. — Mais dans le cas où celui-ci aura par son fait laissé disparaître les sûretés qu'il avait stipulées, la femme pourra-t-elle lui opposer la déchéance que l'art. 2037 prononce contre le créancier qui a rendu la subrogation de l'art. 1251 impossible au profit de la caution ? La solution de cette difficulté dépend de la nature de l'engagement pris par la femme.

S'il y a eu cautionnement pur et simple, il est bien évident que la subrogation à l'hypothèque légale ne privera pas la femme du bénéfice de l'art. 2037. Cet article s'appliquera aussi à un cautionnement solidaire, parce qu'il ne distingue pas et que les raisons qui l'ont fait établir se retrouvent avec la même énergie, dans cette dernière hypothèse. Le législateur n'a pas voulu que la caution fût privée par le fait du créancier des sûretés particulières, en contemplation desquelles elle s'était obligée. La caution solidaire a consenti à se soumettre à des poursuites plus rigoureuses, mais rien ne prouve qu'elle n'ait pas, aussi bien que la caution simple, souscrit son engagement en vue des garanties que la subrogation légale lui faisait espérer. Ainsi mêmes motifs, même texte, et par conséquent même solution.

Si la femme ne s'est pas personnellement obligée et s'est contentée de céder son hypothèque légale pour le cas où le mari ne payerait pas la dette : pourra-t-elle encore invoquer l'art. 2037 ? L'opération ne se présente pas, au premier aspect, sous forme de cautionnement puisque la femme investit le créancier d'un droit réel et ne s'oblige pas sur tous ses biens. Mais en examinant la nature du contrat, on reconnaît qu'il y a d'abord cession éventuelle, c'est-à-dire que l'hypothèque n'appartiendra au créancier que dans le cas où le mari ne payera pas la dette ; et qu'en second lieu, le droit cédé doit aboutir à une collocation c'est-à-dire à un véritable payement. L'opération présente donc les principaux caractères du cautionnement et tombe, à ce titre, sous le coup de l'art. 2037.

Mais si la femme s'était engagée non comme caution personnelle ou réelle mais comme co-obligée solidaire, l'art. 2037 ne s'appliquerait plus. L'art. 1431 qui décide que, dans certains cas, la femme sera toujours réputée simple caution, ne régit que les rapports respectifs des deux époux. La femme codébitrice solidaire est engagée au même titre que le mari. Dans ses rapports avec le créancier, elle n'est pas censée s'être obligée en contemplation des sûretés promises, elle a fait sa propre affaire; elle est retenue par le même lien de droit que le mari, sans qu'on puisse dire lequel des deux est la caution de l'autre. Il n'y a donc plus dans l'espèce, un débiteur principal et une caution; il y a deux débiteurs solidaires; l'art 2037 ne s'applique pas.

Remarquons que si l'engagement de la femme avait précédé la constitution de garanties que le créancier a laissé détruire, l'art. 2037 ne s'appliquerait dans aucun cas. Peu importe la nature de l'obligation consentie par la femme; du moment où celle-ci ne peut plus dire qu'elle s'est engagée en contemplation des sûretés promises, elle n'a plus le droit de se plaindre de ce que ces sûretés aient été perdues.

102. — Nous avons supposé jusqu'à présent que la subrogation portait sur l'intégralité de l'hypothèque légale; il nous reste à examiner le cas où la femme n'a cédé ses droits que sur un bien déterminé.

La femme a par exemple cédé à un créancier son hypothèque sur l'immeuble A, et voilà que pendant le mariage, il s'ouvre un ordre sur les autres biens du mari. La femme réclamera sa collocation comme si la cession n'avait pas été consentie. Sa prétention sera fondée, car elle reposera sur le caractère éventuel de la subrogation à l'hypothèque légale. Si le créancier n'a pas besoin d'exercer le droit de la femme, tout se passera, comme s'il n'en avait jamais été investi. Cette condition est inhérente au contrat qui nous occupe et produit, en s'accomplissant, un effet rétroactif qui anéantit complétement la convention primitive.

Mais si la femme peut faire colloquer, comme si elle avait conservé l'intégrité de ses droits hypothécaires, les tiers intéressés peuvent de leur côté se prémunir contre les effets éventuels de la subrogation. Rien ne s'oppose à ce qu'ils exigent que la femme fournisse caution de rapporter sa collocation jusqu'à concurrence de l'émolument que le subrogé pourra retirer de l'hypothèque cédée. De deux choses l'une ; ou le subrogé n'a que la femme pour obligée, et en se faisant colloquer sur l'immeuble qui lui a été spécialement affecté, il réduit d'autant l'hypothèque légale et alors la femme se trouve avoir indûment exercé, sur les autres biens du mari, un droit qui ne lui appartenait plus ; ou bien le mari était tenu de la dette, et alors la femme a droit à une hypothèque nouvelle, qui prend rang à la date de l'acte de subrogation. Mais cette hypothèque n'est plus la même que celle qui a été cédée, et il se peut que dans l'intervalle, des créanciers se soient fait inscrire. Ces derniers étaient primés par le cessionnaire, mais ils devaient passer avant l'hypothèque acquise par la femme, à raison de l'engagement qu'elle a contracté avec son mari. Ces créanciers intermédiaires ne doivent pas souffrir que l'hypothèque produise une seconde collocation au profit du subrogé, sur l'immeuble qui lui avait été spécialement affecté ; après en avoir produit une première au profit de la femme, sur les autres biens du mari.

Leurs intérêts ne seront sauvegardés que si la femme

leur fournit caution de rapporter la collocation qu'elle
a touchée, dans le cas où le subrogé viendrait à exercer l'hypothèque qui lui a été cédée.

103. — Nous avons déjà vu que la femme pouvait
par une convention formelle abdiquer son hypothèque
sur tel ou tel immeuble du mari, de manière à éteindre purement et simplement son droit sans en investir
un tiers. Plaçons-nous dans l'hypothèse où elle s'est
engagée envers un créancier du mari, ou un tiers
acquéreur, à ne pas exercer son hypothèque sur le bien
affecté ou vendu. Les créanciers hypothécaires pour-
ront-ils repousser la femme par l'exception *cedendarum actionum* sous prétexte qu'en diminuant les sûretés attachées à sa créance, elle les a privés en partie
des effets de la subrogation légale que leur offrait
l'art. 1251.

Il faudrait un texte formel pour priver un créancier
du droit d'user en maître des garanties qu'il a stipulées
ou qu'il a trouvées dans la loi. Celui qui a une hypothèque générale sur plusieurs immeubles peut en principe
la restreindre à volonté, sans que les créanciers postérieurs puissent critiquer l'usage qu'il a fait de ses
droits. La subrogation légale de l'art. 1251 ouvre
une espérance à ceux qui peuvent en profiter, mais
ne constitue pas en leur faveur un droit acquis. Il
n'existe aucun lien de droit entre le titulaire d'une
hypothèque générale et le créancier postérieur qui n'a
qu'une hypothèque spéciale, sur tel ou tel immeuble.
Sans doute, le second peut se faire subroger au premier, en vertu de l'art. 1251, mais il n'existe entre
eux aucune convention qui puisse obliger le créancier

préférable à conserver toutes les garanties qu'il avait stipulées. Le droit de libre disposition qu'avait le titulaire de l'hypothèque générale ne saurait dépendre de cette circonstance, que dans la suite, le débiteur a consenti des hypothèques spéciales sur le même bien.

L'art. 2037 confirme le principe que nous venons d'énoncer. Si le créancier ne peut amoindrir au détriment de la caution les sûretés qu'il a stipulées, c'est que: d'une part il est lié envers celle-ci par un lien de droit; et que d'autre part, la caution ne s'est engagée qu'en vue des priviléges ou hypothèques, qui garantissaient la solvabilité du débiteur principal.

Ces deux considérations ne peuvent être invoquées par le titulaire de l'hypothèque spéciale, que la femme aura mis dans l'impossibilité de se faire subroger aux sûretés qu'offrait l'hypothèque légale avant d'avoir été restreinte. Nous ne sommes donc pas dans un cas où l'exception *cedendarum actionum* puisse être opposée avec succès.

104. — La prescription de l'hypothèque légale ne court pas pendant le mariage contre la femme qui est restée maîtresse de ses droits; mais en sera-t-il de même dans le cas où le tiers détenteur se trouvera en présence d'un subrogé ?

On pourrait dire en faveur de ce dernier que l'art. 2256 n'interrompt la prescription au profit de la femme qu'à raison de l'état de dépendance dans lequel elle se trouve, et qu'un pareil bénéfice ne saurait être invoqué par un subrogé libre de faire valoir ses droits.

Mais il ne faut pas oublier le caractère essentiellement éventuel de la subrogation. La femme ne s'est pas dépouillée irrévocablement de son hypothèque ; elle s'est toujours réservé le droit de la faire valoir, dans le cas où le cessionnaire n'aurait pas besoin d'en profiter. D'un autre côté, si le tiers détenteur repousse le subrogé, il ne pourra pas opposer la prescription à la femme. Celle-ci se fera colloquer en son nom et devra remettre à son subrogé la somme qu'elle aura touchée ; car sa position vis-à-vis de lui n'aura en rien été modifiée par la prescription qui a couru au profit du tiers détenteur.

Celui-ci est donc sans intérêt, il ne peut par conséquent pas agir.

105. — En terminant cet examen sommaire des principales difficultés que la subrogation a fait naître, nous ne saurions trop insister sur le caractère essentiellement éventuel et incertain, que présente ce genre de conventions. Malgré les sages précautions que le législateur de 1855 a prises, le subrogé n'acquiert souvent qu'une garantie illusoire. Inventée pour transformer en un instrument de crédit une hypothèque destinée à sauvegarder le patrimoine de la femme et à entraver les opérations du mari, la subrogation porte la peine de son origine et se plie difficilement aux nécessités nouvelles, que la pratique a voulu lui imposer. Il ne faut donc pas s'étonner des controverses nombreuses, qui se sont élevées au sujet d'un contrat qui affecte tant de formes différentes et qui met en présence des intérêts si divers.

Après avoir établi le principe que l'hypothèque pouvait être cédée indépendamment de la créance, nous avons essayé d'en déduire les conséquences et de les appliquer aux nombreux problèmes, que nous avons posés dans le cours de ce travail. Mais nous avons vu dans ce principe bien plutôt un mode d'interprétation, qu'une règle absolue. La loi est muette sur la nature de la subrogation, et en l'absence de tout texte, aucun système ne saurait être élevé à la hauteur d'une présomption légale. Pleine latitude est laissée à la libre volonté des parties, et l'abstention du législateur est peut-être à regretter. Si la loi avait posé quelques règles précises sur une matière aussi difficile que l'est la subrogation, elle aurait bien plutôt éclairé et guidé les stipulants qu'elle ne les aurait entravés.

Toujours est-il que les textes manquent et que les parties doivent, pour se prémunir contre les dangers de la subrogation, faire un usage aussi prudent que possible de la liberté trop large qui leur a été laissée. En traitant une opération de ce genre, les stipulants ne sauraient apporter trop de soin à définir en termes clairs et positifs, la nature, l'étendue, la portée et les effets de l'acte qu'ils entendent passer. Une prévoyance minutieuse est plus nécessaire en pareille matière que dans toute autre, car l'incertitude de l'interprétation viendra compliquer les dangers d'un contrat déjà incertain par lui-même. En consentant une subrogation, les parties ne doivent avoir confiance que dans la clarté des clauses qu'elles stipulent, et ne rien attendre que d'elles-mêmes, car la jurisprudence est loin d'être fixée, la doctrine est profondément divisée, et la loi est muette.

TABLE DES MATIÈRES

De la subrogation à l'hypothèque légale de la femme

CHAPITRE I

NATURE DE LA SUBROGATION A L'HYPOTHÈQUE LÉGALE

CHAPITRE II

DE LA CAPACITÉ REQUISE POUR QUE LA FEMME PUISSE SUBROGER A SON HYPOTHÈQUE LÉGALE

CHAPITRE III

DES FORMES DE LA SUBROGATION A L'HYPOTHÈQUE LÉGALE

Abbeville. — Imprimerie de P. Briez.

Contraste insuffisant

NF Z 43-120-14

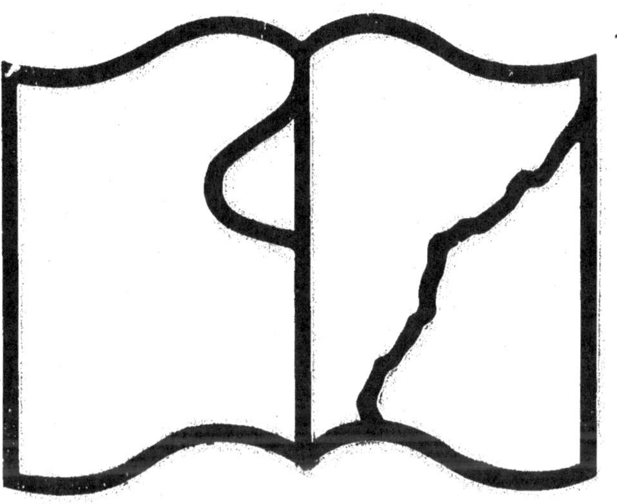

Texte détérioré — reliure défectueuse

NF Z 43-120-11